GEORGE ORWELL

DENTRO DA BALEIA E OUTROS ENSAIOS

GEORGE ORWELL

DENTRO DA BALEIA E OUTROS ENSAIOS

**TRADUÇÃO
KARLA LIMA**

Principis

Esta é uma publicação Principis, selo exclusivo da Ciranda Cultural
© 2021 Ciranda Cultural Editora e Distribuidora Ltda.

Traduzido do original em inglês
Inside the whale and other essays

Texto
George Orwell

Tradução
Karla Lima

Preparação
Fernanda R. Braga Simon

Revisão
Valquíria Della Pozza

Produção editorial e projeto gráfico
Ciranda Cultural

Diagramação
Fernando Laino Editora

Imagens
Babich Alexander/Shutterstock.com;
svekloid/Shutterstock.com;
OlgaChernyak/Shutterstock.com;
Black Creator 24/Shutterstock.com

Dados Internacionais de Catalogação na Publicação (CIP) de acordo com ISBD

O79d	Orwell, George, 1903-1950
	Dentro da baleia e outros ensaios / George Orwell ; traduzido por Karla Lima. - Jandira, SP : Principis, 2021.
	208 p. ; 15,5cm x 22,6cm. - (Clássicos da literatura mundial)
	Tradução de: Inside the whale and other essays
	ISBN: 978-65-5552-251-8
	1. Literatura inglesa. 2. Ensaio. I. Lima, Karla. II. Título. III. Série.
	CDD 823
2020-3061	CDU 821.111-31

Elaborado por Vagner Rodolfo da Silva - CRB-8/9410

Índice para catálogo sistemático:
1. Literatura inglesa 823
2. Literatura inglesa 821.111-31

1ª edição em 2021
www.cirandacultural.com.br
Todos os direitos reservados.
Nenhuma parte desta publicação pode ser reproduzida, arquivada em sistema de busca ou transmitida por qualquer meio, seja ele eletrônico, fotocópia, gravação ou outros, sem prévia autorização do detentor dos direitos, e não pode circular encadernada ou encapada de maneira distinta daquela em que foi publicada, ou sem que as mesmas condições sejam impostas aos compradores subsequentes.

SUMÁRIO

Nota bibliográfica 7

Dentro da baleia 9
Mina abaixo 52
Inglaterra, sua Inglaterra 65
O abate de um elefante 94
Lear, Tolstói e o Bobo 103
Política *versus* literatura: uma análise de *As viagens de Gulliver* 123
A política e a língua inglesa 146
A prevenção contra a literatura 162
Semanário de meninos 179

NOTA BIBLIOGRÁFICA

"Dentro da baleia" apareceu pela primeira vez no livro *Dentro da baleia* (1940); "Mina abaixo", em *O caminho para Wigan Pier* (1937), "Inglaterra, sua Inglaterra", em *O leão e o unicórnio* (1941). Os três ensaios foram incluídos na seleção *Inglaterra, sua Inglaterra* (1953).

"O abate de um elefante" apareceu pela primeira vez no periódico *New Writing*, primeira série, número 2 (outono de 1936); "Lear, Tolstói e o Bobo", na *Polemic* número 7 (março de 1947); "Política *versus* literatura: uma análise de *As viagens de Gulliver*", na *Polemic* número 5 (setembro de 1946); "A política e a língua inglesa", na *Horizon* número 76 (abril de 1946); "A prevenção contra a literatura", na *Polemic* número 2 (1945/6). Esses cinco ensaios foram incluídos na seleção *O abate de um elefante* (1950).

"Semanário de meninos" apareceu pela primeira vez na *Horizon* número 3 (março de 1940) e foi incluído em *Dentro da baleia* (1940) e em *Critical Essays* (1946).

DENTRO DA BALEIA

1

Quando o romance de Henry Miller *Trópico de câncer* apareceu, em 1935, foi recebido com elogios bastante cautelosos, obviamente condicionados em alguns casos pelo receio de parecer que se estava apreciando pornografia. Entre as pessoas que o elogiaram estavam T. S. Eliot, Herbert Read, Aldous Huxley, John dos Passos, Ezra Pound – no geral, não os escritores que estão na moda atualmente. E de fato o assunto do livro, e em certa medida sua atmosfera intelectual, pertence aos anos 1920 mais do que aos 1930.

Trópico de câncer é um romance em primeira pessoa, ou uma autobiografia na forma de um romance, dependendo de como se olhe para ele. O próprio Miller insiste em que é pura autobiografia, mas o ritmo e o método de contar a história são os do romance. É uma história da Paris norte-americana, mas não exatamente no sentido habitual, porque os norte-americanos que aparecem nela são pessoas sem dinheiro. Durante os anos de prosperidade, quando os dólares eram abundantes e o câmbio do franco estava baixo, Paris foi invadida por um tal enxame de artistas, escritores, estudantes, diletantes, turistas, libertinos e francos vagabundos como o mundo provavelmente nunca tinha visto. Em alguns bairros da cidade, a quantidade dos assim chamados artistas deve até ter superado a dos trabalhadores; de fato, calculou-se que no final dos anos 1920 havia trinta mil pintores em Paris, a maior parte impostores. A população se tornou tão indiferente aos artistas que lésbicas de voz grossa e calças de veludo, e rapazes em trajes gregos ou medievais, podiam andar pelas ruas sem atrair sequer um olhar e, na margem do Sena perto da Notre-Dame, era quase impossível abrir passagem por entre os banquinhos dos que desenhavam. Foi a era dos azarões e dos gênios negligenciados; a frase em todos os lábios era "*Quand je serai lancé*". No fim, ninguém foi "*lancé*", a derrocada baixou como uma nova Era do Gelo, a multidão cosmopolita de artistas desapareceu, e os enormes cafés de Montparnasse, que apenas dez anos atrás ficavam lotados até as primeiras horas da manhã por hordas de *poseurs* tagarelas, transformaram-se em túmulos sombrios nos quais não existem nem mesmo fantasmas. Este é o mundo – descrito, entre outros romances, no *Tarr*, de Wyndham Lewis – sobre o qual Miller escreve, porém abordando apenas seu lado de baixo: as franjas do lumpemproletariado que foi capaz de sobreviver à derrocada por ser composta em parte por artistas genuínos, em parte por patifes genuínos. Os gênios negligenciados e os paranoicos que estão sempre "prestes a" escrever o romance que vai deixar Proust no chinelo estão presentes, mas eles só são gênios nos raros momentos em que não estão à caça da próxima refeição. Em grande parte, é uma história de quartos infestados de percevejos em hotéis para operários, de brigas, de surtos de bebedeira, bordéis baratos, refugiados russos, mendicância, trapaça e empregos temporários. E toda a atmosfera dos bairros pobres de Paris, tal como um estrangeiro os vê – as ruelas de paralelepípedos, o cheiro azedo de lixo, os bistrôs com seus balcões de zinco engordurados e pisos de pedras gastas, as águas esverdeadas do Sena, os casacos azuis da Guarda Republicana, os urinóis de ferro carcomido, o cheiro adocicado característico das estações de metrô, os cigarros que se desfazem, os pombos nos jardins de Luxemburgo –, tudo está ali ou, de qualquer modo, a sensação está.

Em face disso, nenhuma matéria-prima poderia ser menos promissora. Quando *Trópico de câncer* foi publicado, os italianos marchavam sobre a Abissínia e os campos de concentração de Hitler já estavam entupidos. Os centros intelectuais do mundo eram Roma, Moscou e Berlim. Não parecia ser o momento em que seria escrito um romance de valor excepcional sobre norte-americanos combalidos mendigando bebidas no Quartier Latin. É claro que um romancista não é obrigado a escrever diretamente sobre história contemporânea, mas um que simplesmente desconsidere os eventos públicos de maior alcance no momento é, geralmente, ou um louco ou um rematado idiota. Com base em um mero relato sobre o tema de *Trópico de câncer*, a maior parte das pessoas provavelmente pensaria não se tratar de nada além de um pouco da lascívia que restou dos anos 1920. Na verdade, quase todos que o leram viram de imediato que não é nada do tipo, e sim um livro admirável. Como ou por que é admirável? Nunca é fácil responder a essa pergunta. É melhor começar descrevendo a impressão que *Trópico de câncer* deixou em mim.

Quando abri o volume pela primeira vez e vi que era cheio de palavras impublicáveis, minha reação imediata foi uma recusa a deixar-me impressionar. Seria a reação da maioria, creio. Apesar disso, depois de certo tempo a atmosfera do livro, além de seus incontáveis detalhes, pareceu ter ficado gravada na minha lembrança de um modo peculiar. Um ano mais tarde, foi publicado o segundo livro de Miller, *Primavera negra*. Àquela altura, *Trópico de câncer* estava muito mais vívido na minha memória do que quando o li pela primeira vez. Minha impressão de *Primavera negra* foi que ele mostrava um declínio, e é fato que não tem a mesma unidade do outro livro. Mesmo assim, depois de passado mais um ano, havia muitas passagens em *Primavera negra* que também tinham criado raízes na minha memória. Evidentemente, esses são livros do tipo que deixam um rastro de sabor, livros que "criam um mundo próprio", como se diz. Os livros que fazem isso não são necessariamente bons, podem ser bons livros ruins, como *Raffles*, de Ernest William Hornung, ou as histórias de Sherlock Holmes, ou livros perversos e mórbidos como *O morro dos ventos uivantes* ou *The house with the green shutters*, de George Douglas

Brown. Mas de quando em quando aparece um romance que descortina um mundo novo não ao revelar o que é estranho, mas ao revelar o que é familiar. O aspecto verdadeiramente notável de *Ulisses*, por exemplo, é a trivialidade do conteúdo. Claro que há mais no livro do que isso, porque Joyce é um tipo de poeta e também um pedante elefantino, mas sua verdadeira conquista foi conseguir colocar o banal no papel. Ele ousou – pois é uma questão de *ousadia* tanto quanto de técnica – expor as imbecilidades da mente interna e, ao fazer isso, descobriu uma América que estava debaixo do nariz de todo mundo. Lá está um mundo de coisas que você julgava incomunicáveis pela própria natureza, mas que alguém conseguiu comunicar. O efeito é romper, ainda que momentaneamente, a solidão em que os seres humanos vivem. Quando você lê certas passagens de *Ulisses*, sente que sua mente e a de Joyce são uma só, que ele sabe tudo a seu respeito, embora nunca tenha ouvido nem o seu nome, que existe fora do tempo e do espaço um universo no qual você e ele estão unidos. E, apesar de não se parecer com Joyce de nenhuma outra forma, há um traço desse tipo em Henry Miller. Não em todo lugar, porque o trabalho dele é bastante irregular e de vez em quando, principalmente em *Primavera negra*, tende a sair dos trilhos e cair na mera verborragia ou no universo pantanoso dos surrealistas. Mas leia cinco páginas, dez páginas, e você sentirá aquele alívio característico que vem não tanto da compreensão, mas de *ser compreendido*. "Ele sabe tudo sobre mim", você sente; "ele escreveu isso especialmente para mim." É como se pudesse ouvir uma voz falar com você, uma voz norte-americana amigável, sem tapeação, sem objetivos morais, simplesmente uma suposição implícita de que nós somos todos iguais. Por um instante, você escapa das mentiras e das simplificações, da qualidade estilizada e manipuladora da ficção comum, mesmo a boa ficção, e lida com experiências reconhecíveis de seres humanos.

Mas que tipo de experiência? E que tipo de ser humano? Miller escreve sobre o homem na rua e, a propósito, é uma pena que seja uma rua cheia de bordéis. Essa é a penalidade por abandonar sua terra natal. Significa transferir suas raízes para um solo mais raso. O exílio é provavelmente mais danoso para um romancista do que para um pintor ou mesmo um poeta, porque o efeito é arrancá-lo do contato com a vida de trabalho e estreitar seu escopo à rua, ao café, à igreja, ao bordel e ao apartamento diminuto. Em geral, nos livros de Miller você lerá sobre pessoas levando uma vida de expatriado, pessoas bebendo, conversando, meditando e fornicando, não sobre pessoas trabalhando, casando e criando os filhos; uma pena, porque ele teria descrito o segundo conjunto de atividades tão bem quanto o primeiro. Em *Primavera negra*, há um flashback maravilhoso de Nova Iorque, a Nova Iorque fervilhante de irlandeses da época de O. Henry, mas as cenas de Paris são as melhores e, dada sua absoluta inutilidade como tipos sociais, os bêbados e os vagabundos dos cafés são tratados com uma sensibilidade para o personagem e uma mestria na técnica rigorosamente únicas em qualquer romance recente. Cada um é não apenas verossímil, mas completamente familiar; você tem a sensação de que todas as aventuras deles aconteceram com você. Não que elas sejam de alguma forma extraordinárias. Henry consegue um emprego com um estudante indiano melancólico, consegue outro emprego em uma escola francesa medonha durante uma onda de frio, quando os encanamentos do banheiro congelam, sai para beber no Le Havre com o amigo Collins, o capitão do mar, vai a bordéis onde há negras maravilhosas, conversa com o amigo Van Norden, escritor, que tem na cabeça o grande romance do mundo, mas nunca chega a começar a escrevê-lo. O amigo Karl, à beira de morrer de inanição, é acolhido por uma viúva rica que quer se casar com ele. Há conversas intermináveis ao estilo de Hamlet, nas quais Karl tenta decidir o que é pior: passar fome ou dormir com uma velha. Com grande riqueza de detalhes ele descreve as visitas à viúva, como foi ao hotel usando suas melhores roupas, como antes de entrar deixou de urinar e como, por isso, a noite toda é um longo e crescente tormento, etc., etc. E, no fim, nada daquilo é verdade, e a viúva nem mesmo existe: Karl simplesmente a inventou para se fazer de importante. O livro inteiro segue mais ou menos essa linha. Por que é que essas monstruosas trivialidades são tão absorventes? Só porque toda a atmosfera é profundamente familiar, porque durante toda a leitura você tem a sensação de que aquelas coisas estão acontecendo com *você*. E você tem essa sensação porque alguém decidiu abandonar a linguagem empolada do romance comum e arrastar para o ar livre a *realpolitik* da mente interior. No caso de Miller, não é tanto uma questão de explorar os mecanismos da mente, mas, sim, de incorporar os fatos e as emoções cotidianos. Pois a verdade é que muitas pessoas comuns, talvez até a maioria, falam e se comportam do jeito como é retratado ali. A grosseria indiferente com que os personagens de *Trópico de câncer* falam é muito rara na ficção, mas extremamente comum na vida real; vezes sem conta eu mesmo ouvi conversas assim entre pessoas que nem mesmo tinham consciência de estar conversando grosseiramente. Vale notar que *Trópico de câncer* não é o livro de um jovem. Miller tinha mais de quarenta quando ele foi publicado e, embora depois disso tenha escrito outros três ou quatro, é óbvio que este primeiro foi acalentado por anos. É um desses livros que são lentamente maturados na pobreza e na obscuridade, por pessoas que sabem o que devem fazer e por isso são capazes de esperar. A prosa é um espanto e, em partes de *Primavera negra*, ainda melhor. Infelizmente não posso reproduzir; palavras impublicáveis estão em quase toda parte. Mas ponha as mãos em *Trópico de câncer*, ponha as mãos em *Primavera negra* e leia em especial as cem primeiras páginas. Elas lhe darão uma ideia do que ainda pode ser feito, mesmo atualmente, com a prosa em inglês. Nelas, o inglês é tratado como uma língua falada, mas falada *sem medo*, isto é, sem medo da retórica ou da palavra incomum ou poética. O adjetivo está de volta, depois de um exílio de dez anos. É uma prosa fluida, farta, uma prosa com ritmo, algo muito diferente das declarações monocórdicas e cautelosas e dos dialetos de botequim tão em moda hoje em dia.

Quando surge um livro como *Trópico de câncer*, é natural que a primeira coisa em que as pessoas reparam seja a obscenidade. Dadas as noções atuais do que seja decência literária, não é assim tão fácil abordar com distanciamento um livro impublicável. A pessoa ou fica chocada e enojada, ou morbidamente excitada, ou decide não se deixar impressionar. Esta última é provavelmente a reação mais comum, o que resulta em livros impublicáveis com frequência receberem menos atenção do que merecem. Está na moda dizer que nada é mais fácil de escrever do que um livro obsceno, que as pessoas só fazem isso para virar assunto e fazer dinheiro, etc., etc. O que evidencia que este não é o caso é o fato de livros obscenos no sentido policial-jurídico serem claramente incomuns. Se fosse fácil ganhar dinheiro por meio de palavras sujas, muito mais gente estaria fazendo isso. Porém, como livros "obscenos" não surgem com muita frequência, existe uma tendência para agrupá-los; de modo geral, injustificadamente. *Trópico de câncer* foi de um modo vago associado a dois outros livros, *Ulisses* e *Viagem ao fim da noite*, de Louis-Ferdinand Céline, mas em nenhum dos dois casos há grande semelhança. O que Miller tem em comum com Joyce é uma disposição para mencionar os fatos inócuos e miseráveis da vida cotidiana. Deixando de lado as diferenças de técnica, a cena do funeral em *Ulisses*, por exemplo, poderia se encaixar em *Trópico de câncer*; o capítulo inteiro é uma espécie de confissão, uma *exposé* da indiferença interior horrorosa do ser humano. Mas as semelhanças terminam aí. Como romance, *Trópico de câncer* é bastante inferior a *Ulisses*. Joyce é um artista em um sentido que Miller não é e provavelmente não desejaria ser, e de qualquer forma ele almeja muito mais. Ele está explorando os diferentes estados de consciência, sonho, devaneio (o capítulo do "bronze por ouro"), embriaguez, etc. e encaixando todos eles em um imenso e complexo padrão, quase como uma "trama" vitoriana. Miller é simplesmente uma pessoa embrutecida falando sobre a vida, um homem de negócios norte-americano comum, com coragem intelectual e um dom para as palavras. Talvez seja significativo que ele tenha a *aparência* exata do que todo mundo imagina ser um homem de negócios americano. Quanto à comparação com *Viagem ao fim da noite*, ela se afasta ainda mais do ponto. Ambos os livros usam palavras impublicáveis, ambos são em alguma medida autobiográficos, mas é só isso. *Viagem ao fim da noite* é um "livro com um objetivo", e este objetivo é protestar contra o horror e a falta de sentido da vida moderna; na verdade, meramente, da *vida*. É um grito de aversão intolerável, um grito saído da privada. *Trópico de câncer* é quase o oposto. A coisa se tornou tão incomum que parece quase anômala, mas é um livro de um homem que é feliz. Assim também *Primavera negra*, embora um pouco menos, porque em certos trechos se tinge de nostalgia. Tendo atrás de si anos de lumpemproletariado, fome, vagabundagem, sujeira, fracasso, noites ao relento, batalhas contra agentes de imigração, lutas infinitas por um pouco de dinheiro, Miller descobre que está se divertindo. Precisamente os aspectos da vida que enchem Céline de horror são os que mais o atraem. Assim, longe de protestar, ele está aceitando. E a própria palavra "aceitação" invoca sua verdadeira afinidade, outro norte-americano: Walt Whitman.

Mas há certa estranheza em ser o Whitman dos anos 1930. Não está claro que, se estivesse vivo no momento, escreveria qualquer coisa minimamente semelhante a *Folhas de relva*. Afinal, o que ele está dizendo é "eu aceito", e há uma diferença radical entre a aceitação agora e na época. Whitman escreveu em um período de prosperidade ímpar, mas, acima disso, escreveu em um país onde a liberdade era algo mais do que uma palavra. A democracia, a igualdade e a camaradagem da qual ele está sempre falando não são ideais remotos, mas coisas que existiam diante de seus olhos. Nos Estados Unidos de meados do século XIX, os homens se sentiam livres e iguais e *eram* livres e iguais, tanto quanto é possível fora de uma sociedade de comunismo puro. Existiam pobreza e até mesmo distinção de classe, porém, exceto pelos negros, não havia nenhuma classe permanentemente submersa. Todos tinham dentro de si, como um tipo de âmago, o conhecimento de que poderiam ganhar o bastante para uma vida decente, sem precisar puxar o saco de ninguém. Quando se lê sobre os balseiros e timoneiros do Mississippi em Mark Twain ou sobre os mineradores de ouro de Bret Harte, eles parecem mais distantes do que os canibais da Era da Pedra. A razão é simplesmente que eles são seres humanos livres. Mas o mesmo ocorre até com os Estados Unidos pacíficos e domesticados da Costa Leste, os Estados Unidos dos romances *Mulherzinhas* e *Helen's babies*, e do poema *Riding down from Bangor*. A vida tem uma qualidade alegre e despreocupada que você sente durante a leitura, como uma sensação física no estômago. É isso que Whitman está comemorando, embora na verdade faça isso muito mal, porque é um desses escritores que lhe dizem como você deveria se sentir, em vez de levá-lo a sentir-se daquele jeito. Talvez felizmente para suas crenças ele morreu cedo demais para ver a deterioração da vida norte-americana que veio com a ascensão da indústria em larga escala e com a exploração da mão de obra imigrante barata.

O ponto de vista de Miller é profundamente correlato ao de Whitman, e quase todo mundo que o leu reparou nisso. *Trópico de câncer* termina com uma passagem particularmente whitmanesca, na qual, depois das luxúrias, trapaças, brigas, bebedeiras e imbecilidades, ele simplesmente se senta e observa o Sena passar, em uma espécie de aceitação mística das coisas como elas são. Porém, o que ele está aceitando? Em primeiro lugar, não os Estados Unidos, e sim o velho monte de ossos da Europa, onde cada grão de terra passou por incontáveis corpos humanos. Em segundo lugar, não uma época de expansão e liberdade, mas uma de medo, tirania e alistamento. Dizer "eu aceito" em uma época como a nossa é dizer que você aceita campos de concentração, cassetetes de borracha, Hitler, Stálin, bombas, aviões, comida enlatada, metralhadoras, golpes, expurgos, lemas, esteiras de linha de produção, máscaras contra gás, submarinos, espiões, arruaceiros, censura à imprensa, prisões clandestinas, aspirinas, filmes de Hollywood e assassinatos políticos. Não *apenas* essas coisas, é claro, mas elas entre outras. E no geral essa é a atitude de Henry Miller. Não sempre, porque de vez em quando ele emite sinais de um tipo bastante comum de nostalgia literária. Há uma longa passagem no começo de *Primavera negra* em honra à Idade Média que, como texto em prosa, deve ser uma das obras mais formidáveis dos últimos anos, mas que demonstra uma atitude não muito diferente da de G. K. Chesterton. Em *Max and the white phagocytes*, há um ataque à civilização norte-americana moderna (cereais em flocos no café da manhã, celofane, etc.) do ponto de vista costumeiro do homem de letras que odeia o industrialismo. Mas no geral a atitude é "vamos engolir tudo". E daí a aparente preocupação com a indecência e o lado menos asseado da vida. É só aparente, pois a verdade é que a vida cotidiana comum consiste muito mais de horrores do que os autores de ficção geralmente se dão ao trabalho de admitir. O próprio Whitman "aceitou" muito do que seus contemporâneos julgaram inadmissível. Pois ele não escreve apenas sobre pradarias, ele também perambula pela cidade e observa o crânio estilhaçado do suicida, "o rosto cinzento dos onanistas", etc., etc. Mas inquestionavelmente nossa própria era, no mínimo na Europa Ocidental, é menos saudável e menos esperançosa do que a época em que Whitman escreveu. Ao contrário de Whitman, nós vivemos em um mundo que está *encolhendo*. As "vistas democráticas" terminaram em arame farpado. Há menos sensação de criação e crescimento, cada vez menos ênfase no berço, balançando interminavelmente, e cada vez mais ênfase no bule de chá, interminavelmente soltando vapor. Aceitar a civilização *como ela é* praticamente significa aceitar o declínio. Deixou de ser uma atitude extenuante e se tornou uma atitude passiva – até "decadente", se é que esta palavra ainda significa alguma coisa.

Precisamente porque, de certo modo, Miller é passivo à experiência, ele consegue chegar mais perto do homem comum do que conseguem os escritores mais ativos. Pois o homem comum também é passivo. Dentro de um círculo restrito (vida doméstica e talvez o sindicato ou a política local), ele se sente no comando do próprio destino, mas, diante de eventos grandiosos, ele é tão vulnerável quanto diante das forças da natureza. Muito longe de tentar influenciar o futuro, ele simplesmente se deita e permite que as coisas lhe aconteçam. Nos últimos dez anos, a literatura se envolveu mais e mais profundamente na política, disso resultando haver menos espaço nela para o homem comum agora do que em qualquer momento dos últimos dois séculos. Pode-se ver a mudança na atitude literária predominante ao se comparar os livros sobre a Guerra Civil Espanhola com os que tratam da guerra de 1914-1918. O que imediatamente salta aos olhos acerca dos livros sobre a guerra espanhola, pelo menos os escritos em inglês, são a aridez e a falta de qualidade chocantes. Mas o mais significativo é que quase todos eles, sejam de direita ou de esquerda, são redigidos de um ângulo político, por seguidores pretensiosos que dizem ao leitor o que pensar, ao passo que os livros sobre a Grande Guerra foram escritos por soldados comuns ou oficiais subalternos que nem mesmo fingiam entender do que tudo aquilo se tratava. Livros como *Nada de novo no front, Le feu, Adeus às armas, Death of a hero, Good-bye to all that, Memoirs of an infantry officer* e *A subaltern on the Somme* foram escritos não por propagandistas, mas por *vítimas*. Eles estão na verdade dizendo: "Que diabos é tudo isso? Sabe Deus. Só o que podemos fazer é aguentar". E, embora ele não esteja escrevendo sobre a guerra nem, no geral, sobre infelicidade, isso é mais próximo da atitude de Miller do que a onisciência que agora está em moda. *Booster*, um periódico que teve vida breve do qual ele foi editor associado, costumava descrever a si mesmo em seus anúncios como "não político, não educacional, não progressista, não cooperativista, não ético, não literário, não consistente, não contemporâneo"; o próprio trabalho de Miller poderia ser descrito quase que nos mesmos termos. É a voz que vem da multidão, do subordinado, do vagão de terceira classe, do homem comum, não político, não moral, passivo.

Venho usando a expressão "homem comum" com prodigalidade e presumindo que o "homem comum" existe, algo atualmente negado por algumas pessoas. Não estou dizendo que as pessoas sobre quem Miller escreve constituem a maioria, menos ainda que ele está se referindo aos proletários. Nenhum romancista inglês nem norte-americano já tentou a sério fazer isso. Mesmo assim, as pessoas em *Trópico de câncer* chegam muito perto de serem comuns, na medida em que são preguiçosas, desonradas e mais ou menos "artísticas". Como afirmei antes, isso é uma pena, mas é o resultado inevitável da expatriação. O "homem comum" de Miller não é nem o operário braçal nem o chefe de família suburbano, e sim o desamparado, o *déclassé*, o aventureiro, o intelectual americano sem raízes e sem dinheiro. Ainda assim, mesmo as experiências desse tipo se sobrepõem significativamente às das pessoas mais normais. Miller conseguiu extrair o máximo do material relativamente limitado de que dispunha porque teve a coragem de se identificar com ele. Ao homem comum, ao "homem sensual médio", foi concedido o poder da fala, tal como à jumenta de Balaão[1].

Veremos como isto é coisa ultrapassada ou, no mínimo, fora de moda. O homem sensual médio saiu de moda. Preocupação com sexo e com a veracidade da vida interior saíram de moda. A Paris americana saiu de

---

[1] Referência bíblica: *Números 22*. (N.T.)

moda. Um livro como *Trópico de câncer*, publicado em uma época dessas, deve ser ou um preciosismo modorrento ou algo incomum, e creio que a maioria das pessoas que o leram concordaria que não é a primeira hipótese. Vale a pena tentar descobrir o que significa esse escape da atual moda literária. Mas para fazer isso é preciso vê-lo em contexto, isto é, vê-lo no desenvolvimento geral da literatura inglesa nos vinte anos passados desde a Grande Guerra.

2

Quando se diz que um escritor está na moda, na prática se está dizendo que ele é admirado por pessoas abaixo dos trinta. No início do período ao qual me refiro, os anos durante e imediatamente após a guerra, o escritor que tinha o domínio mais profundo sobre o jovem pensante foi quase certamente Alfred Edward Housman. Entre os que foram adolescentes de 1910 a 1925, Housman exerceu uma influência enorme que mesmo agora não é fácil de entender. Em 1920, quando eu tinha dezessete anos, é provável que conhecesse de cor todos os poemas da *Shropshire Lad*. Eu me pergunto que impressão *Shropshire Lad* provoca hoje em um menino mais ou menos da mesma idade e com mentalidade parecida. Sem dúvida ele já ouviu falar e até já viu a coletânea; talvez lhe pareça de uma esperteza barata e provavelmente nada além. Ainda assim, esses são os poemas que eu e meus contemporâneos costumávamos recitar para nós mesmos, vezes sem conta, em um tipo de êxtase, exatamente como as gerações anteriores recitavam *Amor no vale*, de Meredith, ou *Jardim de Proserpina*, de Swinburne, etc.

> *De dor meu coração está carregado*
> *Pois eu tinha bons companheiros*
> *E muitas moças de lábio rosado*
> *E tantos rapazes de pés ligeiros*

Junto a rios muito largos para um salto
Os rapazes adormecem
E repousam as moças de lábio rosado
Nos campos em que as rosas fenecem

Simplesmente tilinta. Mas não parecia tilintar em 1920. Por que a bolha sempre estoura? Para responder a essa pergunta, é preciso considerar as condições *externas* que tornam certos escritores populares em determinadas épocas. Os poemas de Housman não chamaram muita atenção quando foram publicados pela primeira vez. O que havia neles que atraiu tão profundamente uma única geração, aquela nascida por volta de 1900?

Em primeiro lugar, Housman é um poeta "rural". Seus poemas são repletos do charme dos vilarejos afastados, da nostalgia dos nomes dos lugares, Clunton e Clunbury, Knighton, Ludlow, "em Wenlock Edge", "no verão em Bredon", telhados de palha e o retinido das serralherias, o junco nos pastos, "lembranças das montanhas azuladas". À parte os poemas de guerra, os versos ingleses do período 1910-1925 são majoritariamente "rurais". Sem dúvida, a razão era que a classe dos que viviam profissionalmente da renda de locação estava deixando de uma vez por todas de ter qualquer relação real com a terra; seja como for, predominava então, muito mais do que agora, um tipo de esnobismo por pertença ao campo e desprezo pela cidade. A Inglaterra daquela época dificilmente era um país mais agrícola do que agora, porém, antes que as indústrias de bens de consumo começassem a se disseminar, era mais fácil pensar que sim. A maioria dos meninos de classe média crescia tendo uma fazenda ao alcance da vista, e naturalmente era o aspecto pitoresco da vida ali que os atraía: lavrar, colher, empilhar o refugo e assim por diante. A menos que tenha de executá-lo pessoalmente, não é provável que um menino perceba quão penoso é o trabalho de capinar entre os nabos, ordenhar vacas de tetas rachadas às quatro da manhã, etc., etc. Logo antes, logo depois e, aliás, durante a guerra, foi a grande era do "poeta da natureza", o ápice de Richard Jefferies e W. H. Hudson. O poema de Rupert Brooke *Grantchester*, a grande estrela de 1913, não é nada além de um jorro de sentimento "rural", uma espécie de vômito acumulado em um estômago entupido de topônimos. Analisado como poema, *Grantchester* está abaixo de desprezível, mas, como exemplo do que o jovem pensante de classe média da época *sentia*, é um documento valioso.

Housman, entretanto, não se entusiasmava com as rosas trepadeiras no espírito dominical de Brooke e os demais. O tema "rural" está presente o tempo todo, mas principalmente como pano de fundo. A maior parte dos poemas tem um tema semi-humano, uma espécie de homem rústico idealizado, na realidade um Strephon[2] ou um Corydon[3] atualizados. Isso por si só já exerce uma atração profunda. A experiência demonstra que pessoas hipercivilizadas gostam de ler sobre grupos rústicos (termo-chave: gente da terra) porque imaginam que eles são mais primitivos e passionais do que elas. Daí o romance "terra profunda" de Sheila Kaye-Smith, etc. E naquela época um menino de classe média, com seu viés "rural", iria se identificar com um trabalhador campesino mais do que com um citadino. A maioria tinha na cabeça uma visão idealizada de um lavrador, cigano, caçador ou guarda-florestal, sempre retratado como selvagem e livre, um rapaz nômade que sobrevive caçando coelhos e vive entre rinhas de galos, cavalos, cerveja e mulheres. O poema de John Masefield *Misericórdia eterna*, outro valioso trabalho de época e imensamente popular entre meninos nos anos de guerra, apresenta essa visão de um modo bastante cru. Mas os Maurices e Terences de Housman poderiam ser levados a sério, ao passo que o Saul Kane de Masefield não pode; nesse aspecto, Housman era Masefield com um traço de Teócrito[4]. Além disso, todos os seus temas são adolescentes: assassinato, suicídio, amor não correspondido, morte precoce. Eles lidam com desastres simples e compreensíveis que dão ao leitor a sensação de estar enfrentando os "fatos fundamentais" da vida:

---

[2] Personagem apaixonado do poema satírico *O camarim da senhora*, do irlandês Jonathan Swift (1667-1745). (N.T.)
[3] Típico rapaz rústico enamorado, personagem das *Éclogas* de Virgílio (70 a.C.-19 a.C.). (N.T.)
[4] Poeta grego (310 a.C.-250 a.C.) considerado o fundador do estilo pastoral. (N.T.)

No monte pelo sol queimado
Agora o sangue já secou
Maurice no feno está deitado
Minha faca em seu flanco ficou

E de novo:

Levam-nos para Shrewsbury, a prisão
Soam apitos distantes nas paragens
Noite afora gemem nos trilhos os trens
Pelos homens que amanhã morrerão

É tudo mais ou menos na mesma sintonia. Todas as coisas se desfazem. "Ned enterrado no cemitério e Tom, na cadeia." E notem também a autopiedade requintada, o sentimento de "ninguém me ama":

O diamante cai, adorna daí
A cova rasa, anfitriã
São as lágrimas da manhã
Que choram, mas não por ti

Rapaz, mas que falta de sorte! Tais poemas poderiam ter sido expressamente escritos para adolescentes. E o invariável pessimismo sexual (a mocinha sempre morre ou se casa com outro) soava como sabedoria para os meninos amontoados em internatos, semipropensos a pensar em mulheres como algo inatingível. Duvido que Housman tenha alguma vez tido o mesmo apelo para meninas. Em seus poemas, o ponto de vista feminino não é levado em conta: a mulher é meramente a ninfa, a sereia, criatura ardilosa e semi-humana que primeiro o atrai e depois foge de você.

Mas Housman não teria sido tão atraente para quem era jovem em 1920 se não fosse por outro traço dele: sua qualidade blasfema, inconformada, "cínica". O embate que sempre ocorre entre as gerações foi excepcionalmente amargo no final da Grande Guerra; isso se deveu, em parte, pela guerra em si e, em parte, como resultado indireto da Revolução Russa, mas um confronto intelectual estava de qualquer forma fadado a ocorrer naquele período. Provavelmente em razão da facilidade e da segurança da vida na Inglaterra, que mesmo a guerra mal chegou a perturbar, muitas pessoas cujas ideias foram formadas nos anos 1880, ou antes, levaram-nas praticamente inalteradas até 1920. Enquanto isso, no que dizia respeito às gerações mais jovens, as crenças oficiais estavam se dissolvendo como castelos de areia. O declínio na crença religiosa, por exemplo, foi espetacular. Por muitos anos, o antagonismo entre velhos e jovens assumiu a forma de verdadeiro ódio. O que restara da geração da guerra emergiu do massacre para descobrir que seus pais ainda mugiam os lemas de 1914, e que uma geração apenas um pouco mais jovem de rapazes se contorcia sob professores celibatários de mente suja. Era esses que Housman encantava, com sua revolta sexual implícita e sua mágoa pessoal contra Deus. Ele era patriótico, verdade, mas de um modo inofensivo e antigo, mais alinhado às casacas vermelhas e "Deus salve a rainha" do que a capacetes de aço e "Enforquem o *Kaiser*". E era também satisfatoriamente anticristão; ele defendia um tipo de paganismo amargo e desafiador, uma convicção de que a vida é curta e os deuses estão contra você, que combinava perfeitamente com o estado de espírito dominante entre os jovens, e tudo isso em versos delicados e charmosos compostos quase inteiramente de palavras de uma sílaba.

Será notado que abordei Housman como se ele fosse meramente um propagandista, um emissor de máximas e de trechos citáveis. Obviamente, ele era mais do que isso. Não há necessidade de subestimá-lo agora, por ele ter sido superestimado alguns anos atrás. Embora possa causar problemas dizer isto hoje em dia, há uma quantidade de seus poemas ("No meu coração um ar que mata", por exemplo, e "Meu time está sendo reprovado?") que provavelmente não permanecerá em desgraça por muito tempo. Mas ao fim e ao cabo é sempre a tendência de um escritor, seu "propósito", sua "mensagem", que o torna apreciado ou não. A prova disso é a extrema dificuldade de se enxergar mérito em um livro que abale a sério as nossas crenças mais profundas. E nenhum livro jamais é verdadeiramente neutro. Uma tendência ou outra é sempre discernível, tanto em verso quanto em prosa, mesmo que ela não faça nada além de determinar a forma e a escolha das imagens. Mas poetas que conquistam vasta popularidade, como Housman, são, em regra, escritores definitivamente sentenciosos.

Depois da guerra, depois de Housman e dos poetas da natureza, surge um grupo de escritores de tendência totalmente diferente: J. Joyce, T. S. Eliot, E. Pound, D. H. Lawrence, Wyndham Lewis, Aldous Huxley, Lytton Strachey. Em meados e fins dos anos 1920, eles são "o movimento", tão certo quanto o grupo de W. H. Auden e S. Spender têm sido "o movimento" nos últimos anos. É verdade que nem todos os escritores talentosos do período podem ser encaixados no padrão. E. M. Forster, por exemplo, embora tenha escrito seu melhor livro em 1923 ou por ali, era essencialmente pré-guerra, e W. B. Yeats não parece pertencer aos anos 1920 em nenhuma de suas fases. Outros que ainda eram vivos, G. Moore, J. Conrad, E. A. Bennett, H. G. Wells e Norman Douglas, já haviam dado seu melhor antes mesmo que a guerra acontecesse. Em contrapartida, um escritor que deveria ser acrescentado ao grupo, embora no sentido literário estrito ele mal "pertença", é Somerset Maugham. É claro que as datas não se encaixam com exatidão; a maioria desses escritores já tinha publicado antes da guerra, mas eles podem ser classificados como pós-guerra no mesmo sentido em que os jovens que escrevem agora são pós-declínio. Da mesma forma, claro, você poderia ler a maioria dos jornais literários da época sem perceber que aquelas pessoas são "o movimento". Mais naquela época do que na maior parte das outras, os figurões do jornalismo literário estavam ocupados fingindo que a era anterior não tinha chegado ao fim.

J. C. Squire comandava a revista *London Mercury*, Gibbs e Walpole eram os deuses das bibliotecas circulantes, havia um culto à alegria e à masculinidade, à cerveja e ao críquete, aos cachimbos talhados em urze e à monogamia, e a qualquer momento era possível ganhar uns trocados escrevendo um artigo que denunciasse os "intelectuais". Apesar disso, eram os desprezados intelectuais que haviam conquistado os jovens. O vento soprava da Europa e muito antes de 1930 tinha arrasado com a escola cerveja-e-críquete, exceto quanto aos títulos de nobreza.

A primeira coisa que se poderia observar a respeito do grupo de escritores que mencionei acima é que eles não parecem um grupo. Mais que isso: muitos deles teriam fortes objeções ao ser associados a muitos dos demais. Lawrence e Eliot não gostavam um do outro, Huxley adorava Lawrence, mas era repelido por Joyce, a maioria teria esnobado Huxley, L. Strachey e Maugham; e Lewis, por sua vez, atacava todos os outros; na verdade, sua reputação como escritor repousa em grande medida sobre esses ataques. Ainda assim, existe certa semelhança de temperamento que agora é suficientemente óbvia, embora, uns doze anos atrás, não fosse. Ela se define por *pessimismo de perspectiva*. Mas é preciso deixar claro o que quero dizer com pessimismo.

Se a ideia básica dos poetas georgianos era a "beleza da natureza", a dos escritores do pós-guerra seria "o sentido trágico da vida". O espírito por trás dos poemas de Housman, por exemplo, não é trágico, apenas lamentoso; é hedonismo desapontado. O mesmo se aplica a T. Hardy, embora seja preciso fazer uma exceção para *The Dynasts*. Mas o grupo Joyve-Eliot chegou mais tarde, o puritanismo não constitui seu principal adversário, eles desde o princípio são capazes de "enxergar através" da maior parte das coisas pelas quais seus predecessores precisaram lutar. Todos eles têm um temperamento hostil à noção de "progresso"; o sentimento é de que não apenas o progresso não acontece, como *nem deveria* mesmo acontecer. Observada essa semelhança geral, existem, é claro, diferenças de abordagem entre os escritores que listei, assim como variados graus de talento. O pessimismo de Eliot é em parte o pessimismo cristão, o que implica certa indiferença ao sofrimento humano, e em parte um lamento sobre a decadência da civilização ocidental ("Nós somos os homens ocos, somos os homens empalhados", etc., etc.), um sentimento do tipo crepúsculo dos deuses que por fim o conduz, por exemplo em *Sweeney agonistes*, a alcançar a difícil proeza de tornar a vida moderna pior do que ela é de fato. Com Strachey, é meramente um ceticismo oitocentista educado, misturado a certo gosto pela ridicularização. Com Maugham, é um tipo de resignação estoica, a boca severa do autêntico *sahib*[5] em algum ponto a leste de Suez, executando seu trabalho sem acreditar nele, como um Imperador Antônio. Lawrence, à primeira vista, não parece ser um escritor pessimista porque, como Dickens, ele é um homem que muda de atitude e opinião e que constantemente insiste que a vida aqui e agora seria muito boa se você olhasse para ela de um jeito um pouquinho diferente. Mas o que ele exige é um movimento que nos afaste da civilização mecanizada, e isso não vai acontecer. Assim, sua irritação com o presente se volta mais uma vez para a idealização do passado, desta vez um passado mítico seguro, a Era do Bronze. Quando Lawrence escolhe os etruscos (os etruscos *dele*) em detrimento de nós mesmos, é difícil não concordar com ele; apesar disso, no fim, é uma espécie de derrotismo, porque essa não é a direção em que o mundo se move. O tipo de vida para a qual ele aponta, a vida concentrada em mistérios simples – sexo, solo, fogo, água, sangue –, é simplesmente uma causa perdida. Portanto, a única coisa que ele foi capaz de produzir é um desejo de que as coisas acontecessem de um jeito como elas claramente não vão acontecer. "Uma onda de generosidade ou uma onda de morte", ele diz, mas é óbvio que não há onda de generosidade nenhuma deste lado do horizonte. Assim, ele parte para o México e morre aos 45 anos, pouco antes de a onda de morte ter início. Será observado que mais uma vez estou falando dessas pessoas como se elas não fossem artistas, como se fossem meras propagandistas transmitindo uma "mensagem". E mais uma vez é óbvio que todas são mais do que isso. Seria absurdo, por exemplo, olhar para *Ulisses* como *apenas* uma demonstração do horror da vida moderna, da "era do *Daily Mail* imundo", como diz Pound. Na verdade, Joyce é mais um "artista puro" do que a maioria dos escritores. Mas *Ulisses* não poderia ter sido

---

[5] Na Índia colonial, título usado para dirigir-se a um europeu, uso depois estendido como forma de tratamento respeitosa e formal a qualquer homem. (N.T.)

escrito por alguém que estivesse meramente brincando com padrões de palavras; é produto de uma visão especial da vida, a visão de um católico que perdeu a fé. O que Joyce está dizendo é "Eis a vida sem Deus. Olhem só para ela!" e suas inovações técnicas, por mais importantes que sejam, servem em primeiro lugar a esse propósito.

Mas o que chama atenção em relação a todos esses escritores é que a "proposta" que têm está bastante indefinida. Não se dá atenção aos problemas urgentes do momento, acima de tudo, nada de política no sentido mais estrito. Nossos olhos são levados para Roma, Bizâncio, Montparnasse, México, os etruscos, o subconsciente, o plexo solar – para todo lado, menos os lugares onde as coisas estão realmente acontecendo. Quando se recua o olhar até os anos 1920, nada é mais estranho do que o modo como todos os eventos importantes da Europa escaparam à atenção da *intelligentsia* inglesa. A Revolução Russa, por exemplo, desaparece da consciência inglesa entre a morte de Lênin e a fome da Ucrânia – cerca de dez anos. Ao longo de todos esses anos, Rússia significa Tolstói, Dostoiévski e condes exilados dirigindo táxis. Itália significa galerias de arte, ruínas, igrejas e museus – mas não os camisas-negras. Alemanha significa filmes, nudismo e psicanálise – mas não Hitler, de quem poucos tinham ouvido falar até 1931. Nas rodas "cultas", a arte-pela-arte se estendeu praticamente até a adoração do sem sentido. Esperava-se que a literatura consistisse apenas da manipulação de palavras. Avaliar um livro por seu conteúdo era pecado imperdoável, e mesmo ter ciência do conteúdo era considerado falta de gosto. Por volta de 1928, em uma das três piadas realmente engraçadas que a revista *Punch* criou desde a Grande Guerra, um jovem insuportável é retratado informando à tia que pretende "escrever". "E sobre o que você vai escrever, querido?", pergunta a tia. "Minha tia querida", responde o jovem, esmagadoramente, "não se escreve *sobre* alguma coisa, simplesmente se *escreve*." Os melhores escritores dos anos 1920 não endossaram essa doutrina, na maioria dos casos seu "propósito" era bem evidente, mas é em geral um "propósito" de cunho moral-religioso-cultural. E também, quando pode ser traduzido para termos políticos, não é de "esquerda" em nenhum caso. Em uma forma ou outra, a inclinação de todos os escritores desse grupo é conservadora. Lewis, por exemplo, passou anos perseguindo freneticamente, pelo faro, "bruxas do bolchevismo", que ele era capaz de detectar em lugares bastante improváveis. Recentemente ele mudou algumas de suas opiniões, talvez influenciado pelo tratamento que Hitler dispensa aos artistas, mas é uma aposta segura que ele não se moverá muito mais à esquerda. Pound parece ter uma queda definitiva pelo fascismo, ao menos em sua variação italiana. Eliot permaneceu indiferente; porém, se obrigado pela mira de uma pistola a escolher entre o fascismo e alguma forma mais democrática de socialismo, provavelmente escolheria o fascismo. Huxley começa com o habitual desespero com a vida, sob a influência do "abdome escuro" de Lawrence, tenta algo chamado Adoração da Vida e por fim chega ao pacifismo, uma postura defensável e, nesse momento, honrosa, mas que no longo prazo provavelmente vai envolver uma rejeição ao socialismo. Também é de observar que a maioria dos escritores nesse grupo nutre certa afeição pela Igreja Católica, embora em geral não do tipo que um católico ortodoxo aceitaria.

    A conexão mental entre o pessimismo e uma perspectiva reacionária é sem dúvida óbvia o bastante. O que talvez seja menos óbvio é *por que* os principais escritores dos anos 1920 são predominantemente pessimistas. Por que há sempre essa sensação de decadência, esses crânios e cactos, essa aflição pela fé perdida e por civilizações impossíveis? Não seria, quem sabe, justamente *porque* essas pessoas escreveram em uma época de conforto excepcional? É só em períodos assim que o "desespero cósmico" pode florescer. Pessoas de barriga vazia nunca se desesperam pelo universo, nem, aliás, pensam sobre o universo. Todo o período de 1910-1930 foi próspero, e mesmo os anos de guerra foram toleráveis, para quem não foi combatente em algum dos países Aliados. Quanto aos anos 1920, foram a época de ouro do intelectual que vivia de renda, um período de irresponsabilidade como o mundo jamais vira. A guerra terminara, os novos Estados totalitários não haviam ainda surgido, tabus morais e religiosos de todos os tipos tinham sido varridos, e o dinheiro estava entrando. "Desilusão" estava na crista da onda. Qualquer um que contasse com quinhentas libras garantidas por ano se tornava intelectual e começava a se exercitar no *taedium vitae*. Foi uma época de fartura financeira e sexual, desesperos complacentes, Hamlets de quintal, passagens baratas para o trecho da volta no fim de noite. Em alguns romances menores característicos do período, como *Told by an idiot*, de R. Macaulay, a autopiedade pelo desespero com a vida atinge uma atmosfera de banho turco. Mesmo os melhores autores da época podem ser condenados por uma atitude olímpica demais, uma prontidão grande demais para lavar as mãos diante dos problemas práticos imediatos. Eles veem a vida de um modo bastante abrangente, muito mais do que os que vieram logo antes ou logo depois, porém olham para ela pela ponta errada do telescópio. Não que isso invalide seus livros enquanto livros. O primeiro teste de qualquer trabalho artístico é a sobrevivência, e é fato que uma grande parte do que foi escrito entre os anos 1910 e 1930 sobreviveu e parece continuar sobrevivendo. Basta pensar em *Ulisses*, em *Escravos do desejo*, na maior parte do trabalho inicial de Lawrence, em especial os contos, e virtualmente em todos os poemas de Eliot até mais ou menos 1930, para se perguntar o que, do que está sendo escrito atualmente, vai envelhecer tão bem.

Mais eis que de repente, nos anos 1930-1935, algo acontece. A atmosfera literária muda. Um novo grupo de escritores, Auden, Spender e o resto deles, entra em cena e, apesar de quanto à técnica deverem algo aos antecessores, sua "tendência" é totalmente diversa. Subitamente, saímos do crepúsculo dos deuses e entramos em um tipo de clima escoteiro, com joelhos à mostra e cantorias em grupo. O literato típico deixa de ser um expatriado cultural com inclinação para a Igreja e se torna um menino ávido com inclinação para o comunismo. Se a ideia básica dos escritores dos anos 1920 é "o sentido trágico da vida", para os novos escritores é "o propósito sério".

As diferenças entre as duas escolas são debatidas em alguma medida no livro do senhor Louis MacNeice *Modern poetry*. É claro que este livro é escrito inteiramente do ponto de vista do grupo mais jovem e assume como garantida a superioridade de seus padrões. De acordo com o senhor MacNeice:

> Os poetas da antologia New signatures[6], ao contrário de Yeats e Eliot, tomam partido em termos emocionais. Yeats se propôs a dar as costas ao desejo e ao ódio; Eliot recuou e observou os sentimentos das outras pessoas com tédio e uma autopiedade irônica... Em contrapartida, toda a poesia de Auden, Spender e Day-Lewis pressupõe que eles têm desejos e ódios próprios e, mais além, que acreditam que certas coisas devam ser desejadas, e outras, odiadas.

E outra vez:

> Os poetas da New signatures voltaram (...) à preferência grega por informação ou afirmação. A primeira exigência é ter algo a dizer, e depois disso você deve se expressar o melhor que puder.

Em outras palavras, o "propósito" está de volta, os jovens escritores "entraram na política". Conforme já apontei, Eliot & Cia. não são tão apartidários como o senhor MacNeice parece sugerir. Mesmo assim, é em grande medida verdade que nos anos 1920 a ênfase literária estava mais na técnica e menos no tema do que agora.

As figuras mais importantes desse grupo são Auden, Spender, Day-Lewis e MacNeice, e há uma longa fila de escritores mais ou menos da mesma tendência, como Christopher Isherwood, John Lehmann, Arthur Calder-Marshall, Edward Upward, Alec Brown, Philip Henderson e muitos outros. Como antes, eu os estou agrupando simplesmente de acordo

---

[6] Publicada em 1932. (N.A.)

com a tendência. É óbvio que há enorme variação no talento. Mas, quando comparamos esses escritores à geração Joyce-Eliot, o que imediatamente impressiona é a facilidade para juntá-los em um grupo. Tecnicamente eles são próximos, politicamente são quase indistinguíveis, e as críticas que fazem aos trabalhos uns dos outros foram sempre, para dizer em temos suaves, bondosas. Os escritores de destaque dos anos 1920 eram de variadas origens, poucos passaram pelo moedor do sistema educacional comum inglês (aliás, os melhores entre eles, salvo Lawrence, não eram ingleses), e a maioria precisou em algum momento lutar contra a pobreza, abandono e até perseguição explícita. No entanto, quase todos os jovens escritores se encaixam facilmente no padrão escola particular – universidade – Bloomsbury[7]. Os poucos que têm origem proletária são do tipo que é desclassificado cedo na vida, primeiro por meio de bolsas de estudo e depois pelo banho descolorante da "cultura" londrina. É significativo que muitos escritores desse grupo foram não apenas alunos, mas, na sequência, professores em escolas particulares. Alguns anos atrás, descrevi Auden como "uma espécie de R. Kipling covarde". Como crítica, foi bastante injustificada; de fato, não passou de um comentário rancoroso, mas é fato que no trabalho de Auden, principalmente nos primeiros, certa atmosfera de exaltação – algo como o poema *Se* de Kipling ou *Play up, play up and play the game!*, de H. J. Newbolt – nunca parece muito distante. Vejamos, por exemplo, um poema como *You're leaving now, and it's up to you boys*, de Day-Lewis. É o puro líder dos escoteiros falando, o tom exato daquela conversa franca de dez minutos sobre os perigos da masturbação. Sem dúvida há um elemento intencional de paródia, mas há também uma semelhança mais profunda que ele não pretendia. E é claro que a observação pedante comum à maioria desses escritores é um sintoma de liberação. Ao lançar fora a "arte pura", eles se libertaram do medo de serem alvo de escárnio e ampliaram significativamente seu escopo. O aspecto profético do marxismo, por exemplo, é material novo para a poesia e abre grandes possibilidades.

---

[7] Área residencial elegante em Londres. (N.T.)

Não somos nada
Nós caímos
Na escuridão e seremos destruídos.
Pensem, porém, que nesta escuridão
Possuímos o eixo secreto de uma ideia
Cuja roda viva ensolarada se revolve nos anos futuros lá fora
(Spender, *Trial of a judge*)

Ao mesmo tempo, ao ser marxizada, a literatura não se tornou mais próxima das massas. Ainda que descontando o lapso de tempo, Auden e Spender estão até mais longe de serem escritores populares do que Joyce e Eliot, para não falar de Lawrence. Como antes, existem muitos escritores contemporâneos que estão fora da corrente, mas não paira muita dúvida sobre qual é a corrente atual. No meio e no fim dos anos 1930, Auden, Spender & Cia. são "o movimento" exatamente como Joyce, Eliot & Cia. foram nos anos 1920. E o movimento é em direção a algo um tanto vagamente definido como comunismo. Já em 1934 ou 1935, não ser mais ou menos de "esquerda" era considerado excêntrico nos círculos literários. Entre 1935 e 1939, o Partido Comunista exerce um fascínio quase irresistível sobre qualquer escritor abaixo dos quarenta. Tornou-se tão corriqueiro ouvir que Fulano tinha se "filiado" quanto fora, poucos anos antes, quando o catolicismo romano estava em moda, ouvir que Sicrano tinha sido "chamado". De fato, por cerca de três anos, o fluxo central da literatura inglesa esteve mais ou menos diretamente sob controle comunista. Como foi possível que uma coisa dessas acontecesse? Ao mesmo tempo, o que quer dizer "comunismo"? É melhor responder à segunda pergunta primeiro.

O movimento comunista na Europa Ocidental começou como um movimento pela derrubada violenta do capitalismo, e em poucos anos degenerou em um instrumento da política externa russa. Isso era provavelmente inevitável, uma vez que o fermento revolucionário que se seguiu à Grande Guerra havia perdido força. Até onde eu sei, o único histórico abrangente sobre esse tema, em inglês, é o livro de Franz Borkenau *A Internacional Comunista*. O que os fatos elencados por Borkenau deixam claro, até mais do que suas deduções, é que o comunismo nunca teria se desenvolvido em suas linhas atuais se existisse nos países industrializados algum sentimento revolucionário. Na Inglaterra, por exemplo, é óbvio que tal sentimento não existe há muitos anos. As figuras patéticas afiliadas a todos os partidos extremistas demonstram isso claramente. Portanto, é apenas natural que o movimento comunista inglês seja controlado por pessoas mentalmente subservientes à Rússia e que não tenham nenhum objetivo real a não ser manipular a política externa britânica conforme o interesse russo. É claro que tal objetivo não pode ser assumido abertamente, e é esse fato que dá ao Partido Comunista seu caráter muito singular. O tipo mais sonante de comunista é, com efeito, um agente publicitário russo posando de socialista internacional. É uma pose facilmente mantida em tempos normais, mas que se torna difícil em momentos de crise, devido ao fato de que a URSS não é mais escrupulosa em sua política externa do que o resto das Grandes Potências. Alianças, alterações no *front*, etc., que só fazem sentido como parte do jogo de forças políticas, precisam ser explicadas e justificadas em termos do socialismo internacional. Cada vez que Stálin muda de parceiro, o "marxismo" precisa ser moldado à força em um novo formato. Isso implica mudanças de "linha" súbitas e violentas, expurgos, denúncias, destruição sistemática da literatura partidária, etc., etc. Na verdade, qualquer comunista está o tempo todo sujeito a precisar alterar suas convicções mais fundamentais – ou sair do partido. O dogma inquestionável da segunda-feira pode tornar-se uma heresia execrável na terça. Isso aconteceu ao menos três vezes nos últimos dez anos. Disso decorre que em qualquer país do Ocidente um partido comunista seja sempre instável e normalmente bem pequeno. No fundo, os membros de longo prazo consistem em um círculo interno de intelectuais, que se identificam com a burocracia russa, e um corpo um pouco maior de membros da classe trabalhadora, que sente lealdade pela Rússia soviética sem necessariamente entender sua política. Fora disso, existe apenas uma filiação mutável, um lote chegando e outro partindo a cada mudança de "linha".

Em 1930, o Partido Comunista Inglês era uma organização minúscula, mal dentro da legalidade, cuja principal atividade era difamar o Partido Trabalhista. Mas em 1935 a face da Europa mudara, e políticos de esquerda mudaram junto. Hitler havia subido ao poder e começado a se rearmar, os planos quinquenais da Rússia tinham obtido sucesso, a Rússia reaparecia como grande potência militar. Como os três alvos do ataque de Hitler eram, segundo todas as aparências, Grã-Bretanha, França e URSS, os três países foram forçados a uma espécie de *rapprochement* desconfortável. Isso significou que o comunista inglês ou francês foi obrigado a se tornar um bom patriota e imperialista – ou seja, foi forçado a defender precisamente as coisas que tinha atacado durante os quinze anos anteriores. Os lemas do Comintern de repente desbotaram do vermelho para o rosa. "Revolução mundial" e "Social-fascismo" deram lugar a "Defesa da democracia" e "Parem Hitler". Os anos 1935-1939 foram o período de antifascismo e da Frente Popular, o ápice do Clube dos Livros de Esquerda, quando duquesas vermelhas e reitores de "mente aberta" percorriam os campos de batalha da Guerra Civil Espanhola e Winston Churchill era o menino dos olhos azuis no jornal *Daily Worker*. Desde então, claro, ocorreu ainda mais uma mudança de "linha". Mas o que é importante para meu objetivo aqui é que foi durante a fase antifascista que os jovens escritores ingleses gravitaram na direção do comunismo.

O cabo de guerra entre fascismo e democracia era sem dúvida um atrativo em si mesmo, mas a conversão deles estava fadada a ocorrer, de qualquer forma, por volta dessa época. Era óbvio que o capitalismo *laissez--faire* estava acabado e que precisaria haver algum tipo de reconstrução; no mundo de 1935, dificilmente era possível permanecer politicamente indiferente. Mas por que esses jovens se voltaram para algo tão alheio quanto o comunismo russo? Por que *escritores* haveriam de se sentir atraídos por uma forma de socialismo que torna impossível a honestidade intelectual? A explicação repousa de fato sobre algo que já havia se feito sentir antes do declínio e antes de Hitler: o desemprego da classe média.

Desemprego não é meramente uma questão de não haver trabalho. A maior parte das pessoas *consegue* um trabalho de algum tipo, mesmo na pior das épocas. O problema era que por volta de 1930 não havia atividade, exceto talvez a pesquisa científica, as artes e a política de esquerda, na qual uma pessoa pensante poderia acreditar. A derrocada da civilização ocidental havia atingido o clímax, e a "desilusão" estava imensamente disseminada. Quem, agora, consideraria seguro levar a tradicional vida de classe média, sendo soldado, religioso, corretor de ações, um funcionário público indiano ou coisa do tipo? E quantos dos valores que nortearam nossos avós ainda poderiam ser levados a sério? Patriotismo, religião, o Império, a família, a santidade do casamento, a gravata do uniforme da escola de elite, nascimento, criação, honra, disciplina – qualquer um com um nível comum de instrução poderia virar a maioria deles de cabeça para baixo em três minutos. Mas o que é que você consegue, afinal, depois de se livrar de coisas primordiais como patriotismo e religião? Você não necessariamente se livrou da necessidade de acreditar em algo. Poucos anos antes tinha ocorrido uma espécie de falsa promessa, quando vários jovens intelectuais, incluindo diversos escritores bastante talentosos (Evelyn Waugh, Christopher Hollis e outros), se refugiaram na Igreja Católica. É significativo que essas pessoas foram quase invariavelmente para a Igreja romana e não, por exemplo, para a Igreja da Inglaterra, da Grécia ou para as seitas protestantes. Ou seja, elas foram para a Igreja com organização mundial, aquela com disciplina rígida, a que tinha poder e prestígio atrás de si. Talvez seja ainda mais digno de nota que o único convertido recente que era de fato um talento de primeira categoria, Eliot, tenha abraçado não o romanismo, mas o anglo-catolicismo, o equivalente eclesiástico do trotskismo. Mas não creio que seja preciso olhar além desse ponto em busca da razão pela qual os jovens escritores dos anos 1930 debandaram para o Partido Comunista ou em direção a ele. Era meramente algo em que acreditar. Lá estavam uma igreja, um exército, uma ortodoxia. Lá estava uma pátria mãe e, ao menos desde 1935, aproximadamente, um *Führer*. Todas as lealdades e superstições que a intelectualidade havia na aparência banido podiam voltar correndo sob o mais tênue dos disfarces. Patriotismo, religião, império, glória militar – tudo em uma palavra: Rússia. Pai, rei, líder, herói, salvador – tudo em uma palavra: Stálin. Deus: Stálin. Diabo: Hitler. Paraíso: Moscou. Inferno: Berlim. Todas as lacunas foram preenchidas. Dessa forma, o "comunismo" dos intelectuais ingleses é algo totalmente explicável. É o patriotismo dos desenraizados.

Mas há outra coisa que sem dúvida contribuiu para o culto da Rússia entre a *intelligentsia* inglesa durante aqueles anos: a tranquilidade e a segurança da vida na própria Inglaterra. Com todas as suas injustiças, a Inglaterra ainda é a terra do *habeas corpus*, e a esmagadora maioria da população não tem experiência nenhuma com a violência ou a ilegalidade. Se você cresceu em um ambiente desse tipo, não é nem um pouco fácil imaginar como é um regime despótico. Quase todos os principais escritores dos anos 1930 pertenciam à classe média emancipada e bonachona, e eram jovens demais para ter memórias concretas da Grande Guerra. Para pessoas desse tipo, coisas como expurgos, polícia secreta, execuções sumárias, prisão sem julgamento, etc., etc., são remotas demais para serem apavorantes. Elas conseguem engolir o totalitarismo porque não têm outra experiência além do liberalismo. Vejamos, por exemplo, este excerto do poema *Spain*, do senhor Auden (aliás, este poema é uma das poucas coisas decentes que foram escritas sobre a Guerra Espanhola):

> *Amanhã para os jovens, os poetas explodindo como bombas,*
> *Os passeios às margens do lado, as semanas de perfeita comunhão;*
> *Amanhã as corridas de bicicleta*
> *Pelos subúrbios em noites de verão. Mas hoje a batalha.*
>
> *Hoje o aumento deliberado das chances de morte,*
> *A aceitação consciente da culpa no assassinato necessário:*
> *Hoje o emprego das forças*
> *No panfleto superficial e efêmero e na reunião monótona.*

A segunda estrofe pretende ser uma espécie de resumo da vida de "um bom membro do partido". Pela manhã alguns assassinatos políticos, um intervalo de dez minutos para sufocar o remorso "burguês", depois um almoço apressado e uma tarde e noite ocupadas com pichação de muros e distribuição de folhetos. Tudo muito edificante. Mas reparem na expressão "assassinato necessário". Ela só poderia ser escrita por uma pessoa para quem o assassinato é, no máximo, uma *palavra*. Pessoalmente, eu não falaria com tanta leveza a respeito. Acontece que eu vi corpos de muitos homens assassinados, e não estou dizendo mortos em batalha, estou dizendo assassinados. Portanto, tenho alguma noção do que assassinato significa: o terror, o ódio, os parentes uivando, as autópsias, o sangue, os cheiros. Para mim, assassinato é algo a ser evitado. É assim para qualquer pessoa comum. Os Hitlers e Stálins acham o assassinato necessário, mas eles não apregoam sua insensibilidade e não se referem a ele como assassinato; é "liquidação", "eliminação" ou outra expressão suavizada qualquer. A marca de amoralidade do senhor Auden só é possível se você é o tipo de pessoa que está sempre em outro lugar quando o gatilho é acionado. Muito do pensamento de esquerda é um tipo de brincadeira com fogo feita por gente que nem sabe que fogo é quente. O espírito de guerra ao qual a *intelligentsia* inglesa se entregou no período de 1935-1939 era amplamente baseado em uma percepção de imunidade pessoal. A atitude era muito diferente na França, onde é difícil escapar do serviço militar, e mesmo os literatos sabem quanto pesa a carga das costas.

Quase no fim do mais recente livro do senhor Cyril Connolly, *Enemies of promise*, há uma passagem interessante e reveladora. A primeira parte do livro é mais ou menos uma avaliação da literatura atual. O senhor Connolly pertence exatamente à geração de escritores do "movimento" e, sem muitas exceções, os valores deles são os valores dele. É interessante observar que entre os autores de prosa ele admira principalmente os especializados em violência, os aspirantes à linha dura norte-americana, Ernest Hemingway, etc. A parte final do livro, porém, é autobiográfica e consiste em um relato, fascinantemente preciso, da vida em uma escola preparatória e em Eton[8] nos anos 1910-1920. O senhor Connolly encerra dizendo:

> *Se fosse para deduzir alguma coisa a partir dos meus sentimentos quando saí de Eton, seria algo chamado* A teoria da adolescência permanente. *É a teoria segundo a qual as experiências vividas pelos meninos nas grandes escolas particulares são tão intensas que dominam suas vidas e impedem seu desenvolvimento.*

Quando você lê a segunda frase desse trecho, tem o impulso natural de procurar por um erro de impressão. Presumivelmente, faltou um "não" ou coisa assim. Mas não, de jeito nenhum! Ele quer dizer exatamente o que disse! E mais: ele está falando nada além da verdade, só para variar. A vida "culta" da classe média atingiu tal abismo de suavidade que cinco anos em um internato particular – cinco anos de imersão em cálido esnobismo – podem de fato ser vistos, em retrospecto, como um período cheio de acontecimentos. Para quase todos os escritores de alguma relevância durante os anos 1930, o que mais aconteceu, além do que o senhor Connolly registra em *Enemies of promise*? É o mesmo padrão o tempo todo: escola particular, universidade, algumas viagens ao exterior e depois Londres. Fome, privação, solidão, exílio, guerra, prisão, perseguição, trabalho braçal – raridades até como palavras. Não admira que a grande tribo conhecida como "os esquerdistas certos" ache tão fácil fechar os olhos aos expurgos e Ogpu[9] do regime russo e aos horrores do primeiro Plano Quinquenal. Eles eram gloriosamente incapazes de entender o que tudo isso significava.

Em 1937, a totalidade da *intelligentsia* estava mentalmente em guerra. O pensamento de esquerda havia se restringido ao antifascismo, isto é, a uma negativa, e da imprensa jorrava uma torrente de literatura de ódio contra a Alemanha e contra os políticos supostamente simpáticos à Alemanha. O que, para mim, foi verdadeiramente assustador em relação

---

[8] Internato de elite, fundado em 1440, para meninos de 13 a 18 anos. (N.T.)
[9] Polícia secreta soviética de 1923 a 1934. (N.T.)

à guerra na Espanha não foi tanto a violência que testemunhei, nem mesmo as contendas partidárias atrás das linhas, e sim o reaparecimento imediato, nos círculos da esquerda, da atmosfera mental da Grande Guerra. Precisamente as mesmas pessoas que, por vinte anos, se orgulharam da própria superioridade em relação à histeria de guerra foram as que voltaram correndo para a indigência mental de 1915. Todas as conhecidas idiotices dos tempos de guerra, caçar espiões, farejar ortodoxia (Fung, fung. Você é um bom antifascista?), o varejo de histórias de atrocidades, entraram de novo em voga como se os anos de intervalo nunca houvessem existido. Antes do fim da Guerra Espanhola, e mesmo antes de Munique, alguns dos melhores escritores de esquerda começavam a se contorcer. Nem Auden nem, de forma geral, Spender escreveram sobre a guerra na Espanha com a verve que se esperava deles. Desde então, houve uma mudança de sentimento, muito desânimo e confusão, porque o atual curso dos eventos transformou em bobagem a ortodoxia de esquerda nos últimos anos. Mas tampouco era necessária muita perspicácia para ver que a maior parte era bobagem desde o início. Não há garantia, portanto, de que a próxima ortodoxia a surgir será melhor do que a última.

De forma geral, toda a história literária dos anos 1930 parece justificar a opinião segundo a qual um escritor faz bem ao manter-se afastado da política. Pois qualquer escritor que aceite ou aceite parcialmente a disciplina de um partido político será cedo ou tarde confrontado com a alternativa: obedeça ou cale a boca. É claro que é possível obedecer e seguir escrevendo – de certa forma. Qualquer marxista consegue demonstrar com a maior facilidade que a liberdade de pensamento "burguesa" é uma ilusão. Porém, uma vez encerrada sua demonstração, restará o *fato* psicológico de que sem essa liberdade "burguesa" a força criativa morre. No futuro, poderá surgir uma literatura totalitária, mas ela será bastante diversa de qualquer coisa que possamos imaginar hoje. A literatura tal como a conhecemos é uma coisa individual, que exige honestidade intelectual e um mínimo de censura. E isso é ainda mais verdadeiro em relação à prosa do que ao verso. Provavelmente não é coincidência que os melhores escritores dos anos 1930 tenham sido poetas. O ambiente de ortodoxia é sempre danoso à prosa, e acima de tudo é completamente desastroso para o romance, a mais anárquica de todas as formas de literatura. Quantos católicos romanos foram bons romancistas? Mesmo a meia dúzia que se poderia citar foi, em geral, de maus católicos. O romance é praticamente uma forma de arte protestante; é produto da mente livre, da autonomia do indivíduo. Nenhuma década dos últimos cento e cinquenta anos foi tão estéril de prosa criativa quanto a de 1930. Houve bons poemas, bons trabalhos sociológicos, panfletos brilhantes, mas praticamente nenhuma ficção de algum valor. De 1933 em diante, o clima mental era cada vez mais contra ela. Qualquer um com sensibilidade suficiente para ser tocado pelo *Zeitgeist* estava também envolvido na política. Nem todos, claro, estavam definitivamente *no* esquema político, mas praticamente todos estavam na periferia dele e mais ou menos envolvidos nas campanhas de propaganda e em controvérsias sórdidas. Comunistas e quase-comunistas tinham uma influência desproporcional nas resenhas literárias. Foi um período de rótulos, lemas e evasões. Nos piores momentos, esperava-se que você se trancasse em uma jaulinha sufocante de mentiras; nos melhores, uma espécie de censura voluntária ("Será que devo dizer isto? Isto é pró-fascismo?") estava em funcionamento na cabeça de praticamente todo mundo. É quase inconcebível que bons romances sejam escritos sob tal clima. Bons romances não são escritos por farejadores de ortodoxia nem por pessoas cuja consciência pesa por causa de sua heterodoxia. Bons romances são escritos por pessoas que *não estão amedrontadas*. E isso me traz de volta a Henry Miller.

3

Se este fosse um momento provável para o lançamento de "escolas" de literatura, Henry Miller poderia ser o ponto de partida de uma nova "escola". De qualquer forma, ele marca uma oscilação inesperada do pêndulo.

Em seus livros, o leitor se afasta imediatamente do "animal político" e volta a um ponto de vista não apenas individualista, mas totalmente passivo; o ponto de vista de um homem que acredita que os rumos do mundo estão além de seu controle e que, seja como for, não os deseja controlar.

Conheci Miller no fim de 1936, quando eu estava passando por Paris a caminho da Espanha. O que mais me intrigou nele foi descobrir que não tinha o menor interesse pela guerra na Espanha. Ele meramente me disse, em termos bastante enfáticos, que ir para a Espanha naquela altura era a atitude de um idiota. Ele entendia que alguém fosse para lá por motivos puramente egoístas, por curiosidade, por exemplo, mas envolver-se em tais coisas *por um sentido de dever* era franca estupidez. Fosse como fosse, minhas ideias sobre combater o fascismo, defender a democracia, etc., etc., eram conversa-fiada. Nossa civilização estava destinada a ser varrida e substituída por uma coisa tão diferente que mal a consideraríamos humana – uma perspectiva que não o incomodava, ele disse. Algumas dessas perspectivas estão implícitas em seu trabalho inteiro. Por todo lado existe essa sensação de proximidade do cataclismo e, em quase todo lado, a crença tácita de que não importa. A única declaração política que ele já fez por escrito, até onde eu sei, foi uma totalmente negativa. Cerca de um ano atrás, uma revista norte-americana, a *Marxist Quarterly*, enviou um questionário a vários escritores daquele país, pedindo que definissem sua posição em relação à guerra. Miller respondeu em termos de pacifismo extremo, uma recusa individual a lutar, sem nenhum desejo aparente de converter alguém à mesma opinião; na prática, de fato, uma declaração de irresponsabilidade.

No entanto, existe mais de um tipo de irresponsabilidade. Como regra, escritores que não desejam identificar-se com o processo histórico do momento ou o ignoram ou lutam contra ele. Se não conseguem ignorar, eles provavelmente são tolos. Se conseguem compreendê-lo bem o bastante para querer combatê-lo, eles provavelmente têm visão suficiente para perceber que não têm como vencer. Vejamos, por exemplo, um poema como *The scholar gipsy*, de M. Arnold, com sua investida contra "a estranha doença da vida moderna" e o magnífico símile derrotista na estrofe final. Ela expressa uma das atitudes literárias comuns, talvez até mesmo a atitude prevalente dos últimos cem anos. Contudo, existem os "progressistas", os que dizem amém, o tipo B. Shaw-Wells, sempre saltando adiante para acolher as projeções ególatras que eles equivocadamente presumem ser o futuro. De maneira geral, os escritores dos anos 1920 assumiram a primeira postura, e os dos 1930, a segunda. Em qualquer dado momento, é claro, existe uma tribo enorme de J. M. Barries, W. Deepings e E. M. Dells, que simplesmente não percebe o que está acontecendo. O trabalho de Miller é sintomaticamente importante ao evitar qualquer uma dessas atitudes. Ele não está nem empurrando adiante os rumos do mundo nem tentando arrastá-los para trás, mas, ao mesmo tempo, ele de forma nenhuma os ignora. Devo dizer que ele acredita na ruína iminente da civilização ocidental com muito mais firmeza do que a maioria dos escritores "revolucionários"; apenas não se sente convocado a fazer coisa nenhuma a respeito. Ele toca violino enquanto Roma queima e, ao contrário da imensa maioria das pessoas que fazem isso, toca de frente para as chamas.

Em *Max and the white phagocytes*, há uma dessas passagens reveladoras, em que um escritor conta ao leitor um bocado sobre si mesmo, enquanto fala sobre outra pessoa. O livro inclui um longo ensaio sobre os diários de Anaïs Nin, que eu nunca li exceto por uns fragmentos, e acredito não terem sido publicados. Miller alega que eles constituem o único verdadeiro texto feminino que alguma vez já surgiu, seja lá o que isso signifique. Mas a passagem interessante é uma em que ele compara Anaïs Nin, evidentemente uma escritora totalmente subjetiva e introvertida, com Jonas na barriga da baleia. Por alto, ele cita um ensaio que Aldous Huxley escreveu alguns anos atrás sobre o quadro de El Greco "O sonho de Filipe II". Huxley observa que as pessoas nos quadros de El Greco têm sempre a aparência de quem está na barriga de uma baleia, e afirma achar particularmente horrível a ideia de estar em uma "prisão visceral". Miller responde que, ao contrário, há muitas coisas piores do que ser engolido por uma baleia, e a passagem deixa claro que ele pessoalmente considera a ideia até atraente. Aqui, ele está resvalando no que é provavelmente uma fantasia amplamente disseminada. Talvez valha a pena notar que todo mundo, ou pelo menos todo mundo falante de inglês, invariavelmente fala de Jonas e a *baleia*. É claro que a criatura que engoliu Jonas era um peixe, e como tal foi descrito na *Bíblia* (Jonas 1:17), mas as crianças naturalmente o confundem com uma baleia, e este fragmento de fala infantil é normalmente levado pela vida afora, um sinal, talvez, da força que o mito de Jonas exerce sobre nossa imaginação. Pois o fato é que estar dentro de uma baleia é uma ideia muito confortável, aconchegante e caseira. O Jonas histórico, se é que se pode chamá-lo assim, ficou bastante aliviado por escapar, mas, na imaginação, no devaneio, inúmeras pessoas o invejaram. É claro que é bastante óbvio por quê. A barriga da baleia é somente um útero grande o suficiente para um adulto. Lá está você no ambiente escuro e acolchoado que o abriga com perfeição, com metros de gordura entre si e a realidade, apto a manter uma atitude da mais extrema indiferença, *independentemente* do que ocorra. Uma tempestade que afundaria todos os navios de guerra do mundo mal chegaria a você como um eco. Até os movimentos da própria baleia provavelmente seriam imperceptíveis para você. Ela pode estar brincando nas ondas da superfície ou mergulhando na escuridão dos oceanos médios (uma milha de profundidade, de acordo com Herman Melville), mas você nunca perceberia a diferença. Excetuando estar morto, este é o estágio final, insuperável, da irresponsabilidade. E, seja qual for o caso com Anaïs Nin, não há dúvida de que o próprio Miller está dentro da baleia. Suas melhores e mais características passagens são escritas do ponto de vista de Jonas, um Jonas voluntário. Não que ele seja especialmente introvertido, bem ao contrário. No caso dele, por acaso a baleia é transparente. Apenas ele não sente nenhum impulso de alterar ou controlar o processo pelo qual está passando. Ele executou o ato essencial de Jonas ao permitir-se ser engolido, permanecendo passivo, *aceitando*.

Veremos adiante o que isso significa. É uma espécie de quietismo, acarretando ou uma completa descrença ou um nível de crença que chega a misticismo. A atitude é *"Je m'en fous"* ou "Embora Ele me mate, ainda assim esperarei Nele", conforme você prefira encarar; para fins práticos, ambos são idênticos, em qualquer dos casos a moral sendo "deixe-se estar". Mas, em tempos como os nossos, essa é uma atitude defensável? Observe como é quase impossível deixar de fazer essa pergunta. No momento em que escrevo, ainda vivemos numa época em que é considerado ponto pacífico que livros devam sempre ser positivos, sérios e "construtivos". Uma dúzia de anos atrás, essa ideia teria sido recebida com risinhos. ("Minha tia querida, não se escreve *sobre* alguma coisa, simplesmente se *escreve*"). Então o pêndulo se afastou da noção frívola de que a arte é meramente técnica, mas oscilou para muito longe, a ponto de afirmar que um livro só pode ser "bom" se for baseado em uma visão "verdadeira" da vida. Naturalmente, as pessoas que acreditam nisso acreditam também estar, elas mesmas, de posse da verdade. Críticos católicos, por exemplo, tendem a afirmar que livros são "bons" apenas quando são de tendência católica. Críticos marxistas fazem a mesma afirmação, com mais ênfase, sobre livros marxistas. Por exemplo, diz o senhor Edward Upward ("Uma interpretação marxista da literatura", em *The mind in chains*):

> *A crítica literária que se pretende marxista deve (...) proclamar que nenhum livro* escrito atualmente *pode ser "bom", a menos que escrito de um ponto de vista marxista ou quase marxista.*

Vários outros escritores fizeram afirmações parecidas ou comparáveis. O senhor Upward destaca *escrito atualmente* porque percebe que não se pode dispensar *Hamlet*, por exemplo, com base em Shakespeare não ter sido marxista. Apesar disso, seu interessante ensaio se debruça muito pouco sobre essa dificuldade. Muito da literatura passada que chegou até nós é permeado por, e de fato fundado sobre, crenças (na imortalidade da alma, por exemplo) que agora nos parecem falsas e, em alguns casos, miseravelmente tolas. Ainda assim, é literatura "boa", se a sobrevivência serve de teste. O senhor Upward sem dúvida responderia que uma crença que era adequada vários séculos atrás pode agora ser inadequada e, portanto, néscia. Mas isso não leva ninguém muito longe, porque pressupõe que em qualquer dado período haverá *um* corpo de crenças aceito como a aproximação atual à verdade, e que a melhor literatura da época estará em relativa harmonia com ele. Na realidade, tal uniformidade jamais existiu. Na Inglaterra do século XVII, por exemplo, havia uma cisão religiosa e política que lembrava claramente o antagonismo atual entre esquerda e direita. Olhando para trás, a maioria das pessoas de hoje sentiria que o ponto de vista burguês-puritano era uma aproximação melhor da verdade do que o ponto de vista católico-feudal. Mas entre os melhores escritores da época nem todos eram puritanos; nem mesmo a maioria era. Além disso, existem "bons" escritores cujas visões de mundo seriam reconhecidas como falsas e tolas em *qualquer* época. Edgar Allan Poe é um exemplo. Sua perspectiva é, na melhor das hipóteses, a de um romantismo desbragado e, na pior, não distante de ser louca em um sentido literal e clínico. Por que, então, histórias como "O gato preto", "O coração delator", "A queda da casa de Usher", e outras, que poderiam muito bem ter sido escritas por um louco, não transmitem uma sensação de falsidade? Porque são verdadeiras dentro de certa estrutura, sustentam as regras do próprio mundo peculiar, como um quadro japonês. Mas parece que para escrever bem a respeito de um mundo desses você precisa acreditar nele. Vê-se a diferença imediatamente, ao se compararem os contos de Poe com o que é, na minha opinião, uma tentativa insincera de construir uma atmosfera semelhante, o "Minuit", de Julian Green. O que de pronto chama atenção em "Minuit" é que não há razão para que um único daqueles eventos aconteça. Tudo é completamente arbitrário; não existe continuidade emocional. E isso é exatamente o que *não* se sente lendo as histórias de Poe. A lógica maníaca, em seu próprio contexto, é bastante convincente. Por exemplo, quando o bêbado pega o gato preto e arranca o olho dele com o canivete, sabe-se precisamente por que ele fez aquilo, até o ponto de sentir que se teria feito o mesmo. Portanto, aparentemente, para um escritor criativo, a posse da "verdade" é menos importante do que a sinceridade emocional. Nem mesmo o senhor Upward afirmaria que um escritor não precisa de nada além de treinamento marxista. Ele precisa de talento também. Mas talento, pelos vistos, é uma questão de ser capaz de se *importar*, de realmente *acreditar* nas suas crenças, sejam elas verdadeiras ou falsas. A diferença entre, por exemplo, Céline e Evelyn Waugh é de intensidade emocional. É a diferença entre o desespero genuíno e um desespero que é ao menos em parte fingimento. E assim chegamos a uma conclusão que talvez seja menos óbvia: que há ocasiões em que uma crença "inverídica" tem mais probabilidade de ser sentida sinceramente do que uma crença "verídica".

Quando se olha para os livros de memórias pessoais escritos sobre a guerra de 1914-1918, percebe-se que quase todos os que se mantiveram legíveis depois de certo tempo são escritos de um ângulo passivo, negativo. Eles são o registro de uma coisa totalmente sem sentido, um pesadelo que ocorre no vazio. Isso não era realmente verdade a respeito da guerra, mas era a verdade sobre a reação individual. O soldado avançando contra uma barragem de artilharia ou de pé em uma trincheira, com lama até a cintura, sabia apenas que aquilo era uma experiência pavorosa na qual ele estava praticamente indefeso. Era mais provável que ele produzisse um bom livro a partir de sua vulnerabilidade e incompreensão do que a partir de uma falsa capacidade de enxergar a coisa toda em perspectiva. Quanto aos livros que foram escritos durante a guerra em si, os melhores são quase sempre trabalho de pessoas que simplesmente se viraram de costas e tentaram não perceber que havia uma guerra em curso. O senhor E. M. Forster descreveu como, em 1917, ele leu *Prufrock* e outros poemas iniciais de Eliot e como o consolou, naquele momento, ter contato com poemas que eram "livres do espírito público":

> *Eles cantavam sobre asco de si e falta de autoconfiança, e sobre pessoas que pareciam autênticas por serem fracas ou não serem atraentes... Ali estava um protesto, um protesto débil, apropriado justamente por ser débil... Aquele que conseguia se afastar para reclamar de mulheres e salas de visita preservava um pingo do nosso autorrespeito; ele levava adiante a herança humana.*

Isso tudo está muito bem colocado. O senhor MacNeice, no livro ao qual já me referi, cita essa passagem e acrescenta, um tanto presunçosamente:

> *Dez anos mais tarde, protestos menos débeis seriam feitos por poetas e a herança humana, levada adiante de outro modo... Contemplar um mundo em pedaços se torna enfadonho, e os sucessores de Eliot estão mais interessados em deixar tudo limpo e arrumado.*

Comentários parecidos estão espalhados ao longo do livro do senhor MacNeice inteiro. Ele espera que acreditemos que os "sucessores" de Eliot (querendo dizer o senhor MacNeice e seus amigos) de alguma forma "protestaram" mais eficazmente do que protestou Eliot ao publicar *Prufrock* no momento em que os exércitos Aliados estavam atacando a Linha Hindenburg. Exatamente onde tais "protestos" poderiam ser encontrados, desconheço. Mas no contraste entre o comentário do senhor Forster e as mentiras do senhor MacNeice repousa a diferença entre um homem que sabe como a guerra de 1914-1918 foi e um que mal se lembra dela. A verdade é que em 1917 não havia nada que um indivíduo pensante e sensível pudesse fazer além de permanecer humano, se possível. E um gesto de impotência, até de frivolidade, poderia ser o melhor modo de fazê-lo. Se eu tivesse sido um soldado combatendo na Grande Guerra, preferiria pôr as mãos em *Prufrock* a *The first hundred thousand*, de J. H. Beith, ou *Letters to the boys in the trenches*, de Horatio Bottomley. Tal como o senhor Forster, eu teria sentido que, simplesmente ao se manter indiferente e em contato com as emoções pré-guerra, Eliot estava levando adiante a herança humana. Que alívio teria sido, em tais circunstâncias, ler sobre as inseguranças de um intelectual de meia-idade a caminho da calvície! Tão diferente das investidas com baioneta! Depois das bombas e das filas por comida e dos cartazes de recrutamento, uma voz humana! Que alívio!

Mas, no fim, a guerra de 1914-1918 foi apenas um momento de pico em uma crise quase contínua. Atualmente, mal se precisa de uma guerra para demonstrar a desintegração da nossa sociedade e o crescente desamparo de todas as pessoas decentes. É por essa razão que eu considero justificada a atitude passiva e não cooperativa no trabalho de Henry Miller. Seja ou não uma expressão do que as pessoas *deveriam* sentir, provavelmente se aproxima da expressão do que elas *de fato* sentem. Mais uma vez, trata-se da voz humana em meio às bombas explodindo, uma voz americana amigável, "livre do espírito público". Nada de sermão, meramente a verdade subjetiva. E nesse sentido, aparentemente, ainda é possível que um bom romance seja escrito. Não necessariamente um romance edificante, mas um que vale a pena ser lido e provavelmente será lembrado após a leitura.

Enquanto escrevo estas linhas, outra guerra irrompeu na Europa. Ela ou bem vai durar muitos anos e destruir a civilização ocidental, ou bem chegará ao fim de modo inconclusivo, e assim preparará o caminho para mais uma guerra, que, então, fará o trabalho de uma vez por todas. Mas guerra é só "paz intensificada". O que bastante claramente vai ocorrer, com ou sem guerra, é o colapso do capitalismo *laissez-faire* e da cultura cristã-liberal. Até recentemente, não se anteviam as implicações completas disso, porque de forma geral se supunha que o socialismo conseguiria preservar e até ampliar a atmosfera de liberalismo. Agora, começa-se a perceber como essa ideia era falsa. Com quase toda a certeza, nós estamos nos encaminhando para uma era de ditaduras totalitárias, uma era em que a liberdade de pensamento será, primeiro, um pecado mortal e, em seguida, uma abstração sem nenhum sentido. O indivíduo autônomo será banido para fora da existência. Mas isso significa que a literatura, na forma como a conhecemos, vai sofrer ao menos uma morte temporária. A literatura do liberalismo está chegando ao fim, e a literatura do totalitarismo ainda não surgiu e mal pode ser imaginada. Quanto ao escritor, ele está sentado sobre um *iceberg* derretendo: ele é apenas um anacronismo, uma ressaca da era burguesa, condenado tão certamente quanto o hipopótamo. Miller me parece um homem incomum porque ele enxergou e anunciou esse fato muito antes da maioria de seus contemporâneos; em uma época, na verdade, quando muitos deles estavam inclusive tagarelando sobre o renascimento da literatura. Wyndham Lewis dissera, muitos anos antes, que a história principal da língua inglesa estava terminada, mas ele estava se baseando em razões diferentes e bastante triviais. Mas de agora em diante o fato mais importante para o escritor criativo será que este não é um mundo de escritores. Isso não significa que ele não possa ajudar a trazer para a existência uma nova sociedade, mas que ele não pode participar do processo *como escritor*. Pois, *como escritor*, ele é um liberal, e o que está acontecendo é a destruição do liberalismo. Parece provável, portanto, que, nos anos que restam de liberdade de expressão, qualquer romance que valha a pena ser lido seguirá em maior ou menor medida as linhas seguidas por Miller; não me refiro à técnica ou ao tema, mas ao ponto de vista adotado. A atitude passiva vai voltar, e será mais conscientemente passiva do que antes. Progresso e reação se transformaram em fraudes. Aparentemente, nada resta além de quietismo, despojar a realidade de seus terrores pela simples submissão a ela. Entrar na baleia ou, antes, admitir que você está dentro da baleia (pois você *está*, é claro). Entregar-se aos rumos do mundo, parar de lutar contra eles ou fingir que os controla; simplesmente aceitá-los, suportá-los, registrá-los. Essa parece ser a fórmula que qualquer romancista sensível vai provavelmente adotar. Um romance de traços mais positivos, "construtivos", e não emocionalmente simulado, é no momento muito difícil de se imaginar.

Quero eu com isso dizer que Miller é um "grande autor", uma nova esperança para a prosa em inglês? De jeito nenhum. O próprio Miller seria o último a alegar ou a desejar tal coisa. Sem dúvida, ele continuará escrevendo – qualquer um que tenha começado sempre continua escrevendo – e ligada a ele há uma quantidade de escritores de uma tendência bem parecida, Lawrence Durrell, Michael Fraenkel e outros, quase constituindo uma "escola". Mas ele mesmo parece a mim ser um homem de um livro só. Minha expectativa é que cedo ou tarde ele decaia para a ininteligibilidade ou para o charlatanismo: já há sinais de ambos em seu trabalho mais recente. Seu último livro, *Trópico de capricórnio*, eu nem mesmo li. Não porque eu não quisesse, mas porque a polícia e as autoridades alfandegárias conseguiram até o momento impedir-me de conseguir um exemplar. Mas eu ficaria surpreso se ele chegasse aos pés de *Trópico de câncer* ou dos capítulos de abertura de *Primavera negra*. Como certos outros romancistas autobiográficos, ele tinha dentro de si fazer uma única coisa com perfeição, e ele a fez. Considerando-se como foi a ficção dos anos 1930, é notável.

Os livros de Miller são publicados pela Obelisk Press de Paris. O que acontecerá à editora Obelisk, agora que a guerra começou e Jack Kathane, o editor, está morto, eu não sei, mas, de qualquer forma, os livros ainda são encontráveis. Aconselho seriamente a quem ainda não o tenha feito que leia, ao menos, *Trópico de câncer*. Com alguma engenhosidade, ou pagando um pouco acima do preço de capa, você consegue um exemplar e, ainda que certas partes o enojem, elas ficarão em sua memória. Trata-se também de um livro "importante", em um sentido diferente daquele em que esta palavra é geralmente usada. Como regra, diz-se que romances são "importantes" quando são ou uma "acusação terrível" de uma coisa ou outra, ou quando apresentam alguma inovação técnica. Nenhum deles se aplica a *Trópico de câncer*. Sua importância é meramente sintomática. Aqui está, na minha opinião, o único escritor de prosa criativo e com um mínimo de valor a surgir entre as raças falantes de inglês nos últimos anos. Mesmo que se objete que esta afirmação é exagerada, provavelmente se poderá admitir que Miller é um escritor fora do comum e que vale mais do que uma espiada; e, afinal, ele é um escritor completamente negativo, desconstrutivo e amoral, um mero Jonas, um aceitador passivo do mal, uma espécie de Whitman entre cadáveres. Sintomaticamente, isso é mais significativo do que o mero fato de que cinco mil romances são publicados na Inglaterra todos os anos, e 4.900 deles são bobagens. É uma demonstração da *impossibilidade* de qualquer literatura de vulto, até que o mundo tenha se acomodado a seu novo formato.

1940

MINA ABAIXO

Nossa civilização, com o devido respeito a Chesterton, é baseada em carvão[10] mais completamente do que nos damos conta, até que paramos para pensar nisso. As máquinas que nos mantêm vivos, e as máquinas que produzem máquinas, são todas direta ou indiretamente dependentes de carvão. No metabolismo do mundo ocidental, o minerador de carvão só perde em importância para o homem que semeia o solo. Ele é uma espécie de cariátide[11] sobre cujos ombros repousa quase tudo o que não é sujo. Por essa razão, o verdadeiro processo pelo qual o carvão é extraído é digno de observação, se você tiver oportunidade e estiver disposto a dar-se ao trabalho.

Quando se desce em uma mina de carvão, é importante tentar chegar à face de extração quando os "enchedores" estão trabalhando. Isso não é fácil, porque, quando a mina está em atividade, visitas incomodam e não são incentivadas; porém, se você chegar em qualquer outro momento,

---

[10] Segundo o escritor inglês G. K. Chesterton (1874-1936), "a civilização é baseada em abstrações". (N.T.)

[11] Em arquitetura, escultura em forma de figura feminina que substitui uma coluna e sustenta a parte superior da construção. (N.T.)

é possível que saia de lá com uma impressão totalmente errada. Em um domingo, por exemplo, uma mina parece ser quase pacífica. O momento de ir lá é quando as máquinas estão rugindo e o ar está escuro de poeira de carvão, e pode-se ver o que os mineiros têm de fazer. Nessas horas o lugar parece o inferno ou, pelo menos, a imagem mental que eu tenho do inferno. A maior parte das coisas que se imagina existir no inferno está presente: calor, barulho, confusão, escuridão, ar viciado e, acima de tudo, um espaço insuportavelmente apertado. Tudo exceto as chamas, pois não há chama lá embaixo a não ser pelos débeis raios das lanternas Davy e dos maçaricos elétricos, que mal atravessam as nuvens de pó de carvão.

Quando finalmente chega lá – e chegar já é trabalhoso por si só, como explicarei em um instante –, você atravessa, rastejando, a última fila de estacas de apoio e vê à sua frente uma parede preta brilhante medindo entre noventa e cento e vinte centímetros. Essa é a face de extração. Acima, está o teto liso feito da rocha da qual o carvão foi cortado; abaixo, é rocha de novo, de modo que a galeria onde você está tem apenas a altura do veio de carvão em si, provavelmente não muito mais que um metro. A primeira impressão, que ofusca todo o resto por um período, é o estrondo contínuo, apavorante e ensurdecedor da correia transportadora que leva embora o carvão. Não se enxerga muito longe, porque a névoa de poeira reflete de volta a luz da lanterna, mas é possível ver, de cada lado, a fila de homens seminus ajoelhados, um a cada três ou quatro metros, enfiando as pás sob o carvão caído e lançando-o agilmente sobre o ombro esquerdo. Eles estão abastecendo a correia transportadora, uma esteira móvel de borracha com cerca de meio metro de largura que corre um ou dois metros atrás deles. Por essa correia flui constantemente um rio brilhante de carvão. Em uma mina grande, várias toneladas de carvão são transportadas por minuto. A correia transportadora leva o carvão até algum ponto das galerias principais, onde ele é lançado em carrinhos coletores que suportam meia tonelada; daí arrastados para elevadores-gaiola e içados para o mundo exterior.

É impossível observar os "enchedores" em atividade sem sentir uma pontada de inveja por sua resistência. O trabalho que realizam é espantoso, quase sobre-humano pelos padrões de uma pessoa comum. Pois eles estão não só transferindo quantidades monstruosas de carvão, como fazendo isso em uma posição que duplica ou triplica o esforço. Eles precisam ficar ajoelhados todo o tempo – mal conseguiriam se levantar sem bater no teto – e, se você fizer uma tentativa, vai perceber rapidamente o esforço tremendo que isso implica. Escavar é relativamente fácil se você está de pé, pois pode usar o joelho e a coxa para direcionar a pá; ajoelhado, toda a tensão é jogada para os músculos dos braços e da barriga. E os demais aspectos tampouco facilitam as coisas. Há o calor – que varia, mas em algumas minas é sufocante – e a poeira de carvão, que penetra na garganta e nas narinas e se acumula nos cílios, e o barulho interminável da correia transportadora, que naquele espaço confinado se parece bastante com disparos de uma metralhadora. Mas os "enchedores" trabalham como se fossem de ferro. Eles têm mesmo a aparência do ferro, de estátuas de ferro forjado, por baixo da fina camada de pó de carvão que gruda neles da cabeça aos pés. É só quando vê os mineiros seminus lá embaixo na mina que você percebe os homens esplêndidos que eles são. A maioria é baixa (homens altos estão em desvantagem neste trabalho), mas quase todos têm o corpo mais nobre: ombros largos que se estreitam até a cintura fina e maleável, pequenos glúteos salientes e coxas fortes, sem um grama de carne sobrando em lugar nenhum. Nas minas mais quentes, eles usam cuecas leves, tamancos e joelheiras; nas mais quentes de todas, só tamancos e joelheiras. Só de olhar para eles, dificilmente seria possível saber se são jovens ou velhos. Podem ter qualquer idade, até 60 ou 65, mas, quando estão enegrecidos e nus, parecem todos idênticos. Ninguém poderia executar essa atividade se não tivesse o corpo de um jovem, e tão adequado para ela quanto o de um soldado para a Guarda Real britânica; uns poucos gramas de gordura acumulados na cintura já tornariam impossíveis as constantes inclinações. Uma vez que tenha visto esse espetáculo, você jamais o esquece: a fileira de corpos curvados e ajoelhados, totalmente cobertos de fuligem, manuseando pás enormes sob o carvão com força e velocidade estupendas. Eles trabalham por sete horas e meia, em teoria sem pausa, pois não há intervalo de descanso. Na verdade, eles surrupiam um quarto de hora, mais ou menos, em algum momento do turno, para comer a refeição que trouxeram – normalmente, um filão de pão encharcado em gordura e uma garrafa de chá gelado. Da primeira vez que estive observando o trabalho dos "enchedores", apoiei a mão sobre uma coisa horrivelmente viscosa no meio da fuligem. Era um naco de tabaco mastigado. Quase todos os mineiros mascam tabaco, o qual, segundo dizem, é bom para combater a sede. Provavelmente, você precisará descer a diversas minas de carvão antes de conseguir apreender a maior parte dos processos acontecendo ao seu redor. Isso ocorre principalmente porque o mero esforço de se deslocar de um lugar ao outro dificulta muito notar qualquer outra coisa. Em certos aspectos é até decepcionante ou, no mínimo, é diferente do que você esperava. Entra-se na gaiola, que é uma caixa de aço com a largura de uma cabine telefônica e duas ou três vezes seu comprimento. Ela aguenta dez homens apertados como sardinhas em lata, e um sujeito alto não consegue ficar ereto. A porta de aço se fecha sobre sua cabeça, e alguém no comando das engrenagens lá em cima joga você no vazio. Sente-se por um momento aquele tradicional frio na barriga e pressão nos ouvidos, mas não se nota muito o movimento em si, até que se chega ao fundo, quando então a gaiola desacelera tão abruptamente que você poderia jurar que ela está subindo de novo. Durante o percurso, a gaiola provavelmente atinge cem quilômetros por hora; em algumas das minas mais profundas, até mais. Quando, ao chegar ao fundo, você se arrasta para fora, está a quase quatrocentos metros de profundidade. Isso equivale a dizer que há uma montanha de tamanho razoável acima de você; centenas de metros de rocha sólida, ossos de animais extintos, terra, sílex, raízes de coisas que crescem, capim verde e vacas pastando nele – tudo isso suspenso acima da sua cabeça e sustentado apenas por estacas de madeira da espessura da sua panturrilha. Mas, por causa da velocidade em que a gaiola foi levada para baixo e da completa escuridão em que viajou, você mal sente estar a uma profundidade maior do que a da estação Piccadilly do metrô.

O que de fato surpreende, em contrapartida, é a imensidão das distâncias horizontais que precisam ser percorridas no subsolo. Antes de ter descido a uma mina, eu imaginava vagamente que o mineiro saía da gaiola e começava a trabalhar em um veio de carvão a poucos metros dali. Não havia me dado conta de que, antes de chegar ao local de trabalho, ele pode ter precisado se arrastar por uma distância tão grande quanto a que separa London Bridge de Oxford Circus. É claro que, no começo, o poço que leva à mina é escavado em um ponto próximo ao veio de carvão. Porém, conforme esse veio se esgota e novos passam a ser explorados, o local de trabalho vai ficando cada vez mais longe. Um quilômetro e meio da base do poço até a face de extração é provavelmente a distância-padrão; 4.800 quilômetros ainda é bastante normal; e dizem que em algumas poucas minas o percurso atinge oito quilômetros. Mas essas distâncias não têm semelhança com aquelas acima, na superfície. Pois, ao longo de sejam lá quantos forem os quilômetros, mal existe qualquer lugar fora da galeria principal, e mesmo nela não muitos, onde um homem consiga ficar reto de pé.

Você não nota o efeito disso até haver percorrido algumas centenas de metros. Curvando-se ligeiramente, você começa a descer a galeria mal iluminada, de dois ou três metros de largura, um e meio de altura, e paredes feitas de placas de xisto como as de Derbyshire. A cada um ou dois metros ficam as estacas de madeira que sustentam as travas e vigas mestras; algumas vigas cederam, formando curvas fantásticas sob as quais você precisa passar abaixado. Em geral, o chão sob seus pés também é ruim, com poeira grossa ou pedaços pontudos de xisto e, nas minas onde há água, lamacento como um pátio de fazenda. Há também os trilhos dos carrinhos coletores, como uma ferrovia em miniatura, com dormentes a cada trinta ou sessenta centímetros, sobre os quais é cansativo andar. Tudo é cinzento pelo pó de xisto e paira um cheiro poeirento, cáustico, que parece ser o mesmo em todas as minas. Surgem máquinas misteriosas cuja função você nunca aprenderá, trouxas de ferramentas amarradas juntas em fios e, de vez em quando, ratos fugindo em disparada da luz das lanternas. Eles são surpreendentemente comuns, em especial nas minas onde há ou houve cavalos. Seria interessante saber como eles foram parar lá; possivelmente, caindo no poço, pois dizem que um rato pode cair de qualquer altura sem se ferir, graças à sua área de superfície ser tão grande em relação a seu peso. Você se pressiona contra a parede para dar passagem a fileiras de carrinhos, que trepidam lentamente rumo ao poço, puxados por infinitos cabos de aço operados a partir da superfície. Você se arrasta através de cortinas de saco de aniagem e portas de madeira grossa que, quando abertas, liberam correntes de ar violentas. Essas portas são parte importante do sistema de ventilação. O ar viciado é sugado para fora de um poço por meio de ventiladores, e o ar fresco entra automaticamente por outro. Porém, se deixado por conta própria, o ar sai pelo caminho mais curto, deixando sem ventilação os locais de trabalho mais profundos; assim, todos os atalhos precisam ser isolados.

No começo, andar curvado é divertido, mas a graça acaba logo. Sou prejudicado por ser excepcionalmente alto, mas, quando o teto baixa para um metro e vinte ou menos, fica difícil para qualquer um que não seja criança ou anão. Você não apenas tem de se curvar duas vezes mais, precisa também manter a cabeça erguida o tempo todo, de modo a ver as traves e vigas e desviar-se delas quando surgem. Você sente, portanto, uma cãibra constante na nuca, mas isso não é nada comparado à dor nos joelhos e coxas. Depois de oitocentos metros, torna-se, e não estou exagerando, uma agonia insuportável. Você começa a se perguntar se em algum momento chegará ao fim e, pior ainda, como diabos fará o caminho de volta. Seu ritmo se torna cada vez mais lento. Chega-se a um estirão de algumas centenas de metros onde tudo é excepcionalmente baixo, e você precisa avançar agachado. Então, de repente, o teto se abre e alcança uma altura misteriosa, palco de um antigo desmoronamento, provavelmente, e durante dezoito metros inteirinhos você consegue andar com as costas retas. O alívio é impressionante. Mas depois disso vêm outros dezoito metros muito baixos, e na sequência uma sucessão de travas que você precisa atravessar por baixo. Você fica de quatro e até isso é um alívio, depois de andar de cócoras. Mas, quando chega ao fim da sequência de travas e tenta se levantar de novo, descobre que seus joelhos estão temporariamente travados e se recusam a sustentá-lo. Envergonhado, pede uma pausa e diz que gostaria de descansar por um ou dois minutos. Seu guia, um mineiro, é solidário. Ele sabe que seus músculos não são como os dele. "Só mais trezentos e sessenta metros", ele diz, para encorajá-lo; você sente que daria no mesmo se ele tivesse dito trezentos e sessenta quilômetros. Mas por fim você consegue de algum jeito se arrastar até a face de extração. Você percorreu um quilômetro e meio e gastou quase uma hora; um mineiro faria o mesmo em cerca de vinte minutos. Lá chegando, você precisa deitar-se para recuperar as forças e passa vários minutos esparramado na poeira de carvão antes de conseguir observar o trabalho em andamento com um mínimo de discernimento.

Voltar é pior do que ir, não só porque você já está exausto, mas porque o caminho de retorno ao poço é ligeiramente em aclive. Você cruza os trechos baixos na velocidade de uma tartaruga, e agora não sente nenhuma vergonha ao pedir uma pausa, quando seus joelhos pifam. Até a lanterna que carrega se torna um fardo e provavelmente, ao tropeçar, vai deixá-la cair; portanto, se for uma Davy, vai se apagar. Passar por baixo das vigas se torna mais e mais custoso, e às vezes você se esquece de se abaixar. Você experimenta andar de cabeça baixa como os mineiros, mas então bate as costas. Até os próprios mineiros batem as costas com relativa frequência. É por essa razão que, nas minas muito quentes, onde é preciso transitar seminu, a maioria deles tem o que eles chamam de "botões nas costas", ou seja, cicatrizes permanentes em cada vértebra. Quando o caminho é em descida, os mineiros às vezes encaixam os tamancos (que têm solas ocas) aos trilhos dos carrinhos, e escorregam para baixo. Nas minas onde a "viagem" é muito ruim, todos os mineiros levam bastões de setenta a oitenta centímetros, vazados abaixo da empunhadura. Nos lugares normais, você mantém a mão no alto do bastão e, nos pontos mais baixos, desliza a mão para baixo até o buraco. Esses bastões são uma grande ajuda, e os capacetes de proteção de madeira, uma invenção relativamente recente, são uma bênção. Eles parecem um capacete de aço francês ou italiano, mas são feitos de um tipo de cortiça e muito leves, e tão resistentes que você pode receber um golpe violento na cabeça e nem sentir. Quando por fim volta à superfície, você esteve no subterrâneo por talvez três horas e percorreu pouco mais de três quilômetros, e está mais exausto do que ficaria após uma caminhada de quarenta quilômetros na superfície. Ao longo da semana seguinte, suas coxas estão tão endurecidas que descer escadas é um feito complicado; você precisa descer de um modo oblíquo peculiar, sem dobrar os joelhos. Seus amigos mineiros notam a rigidez dos seus passos e caçoam de você. ("Que tal ir trabalhar lá embaixo, hein?", etc.) Até mesmo um mineiro que tenha ficado bastante tempo afastado do trabalho – por doença, por exemplo –, quando volta à mina, sofre muito nos primeiros dias.

Pode parecer que estou exagerando, embora provavelmente ninguém que tenha estado em uma mina antiga (a maioria das minas na Inglaterra é antiga) e chegado até a face de extração do carvão diria isso. Mas o que quero enfatizar é isto: todo esse negócio assustador de se arrastar de um lado a outro, que para qualquer pessoa normal constituiria por si só um dia de trabalho árduo, não é absolutamente parte do trabalho do mineiro; é apenas um extra, como o trajeto diário de metrô que o trabalhador urbano faz. O mineiro faz todo esse percurso de ida e de volta e ensanduichado entre ambos estão sete horas e meia de trabalho cruel. Eu nunca viajei muito além de um quilômetro e meio até a face de extração, mas com frequência a distância é três vezes maior, caso em que eu, e a maioria das pessoas exceto os mineiros, jamais conseguiríamos nem mesmo chegar lá. Esse é um aspecto que se pode facilmente deixar escapar. Quando pensa em minas de carvão, você pensa em profundidade, calor, escuridão, figuras enegrecidas perfurando paredes de carvão com picaretas; você não pensa, necessariamente, naqueles quilômetros percorridos de cócoras. E há também a questão do tempo. O turno de sete horas e meia de um mineiro não parece assim tão longo, mas é preciso acrescentar a isso ao menos uma hora por dia de "viagem", com mais frequência duas horas, às vezes três.

É claro que tecnicamente a "viagem" não é trabalho, e o mineiro não é remunerado por ela; mas é tão parecida com trabalho que na prática não faz diferença. É fácil dizer que os mineiros não se importam com tudo isso. Com certeza, não é para eles o mesmo que seria para você ou para mim. Eles fazem isso desde a infância, os músculos certos se enrijeceram, e eles conseguem mover-se nas profundezas com uma agilidade espantosa e quase assustadora. Um mineiro baixa a cabeça e sai correndo em longas passadas ondulantes por lugares onde eu mal consigo cambalear. Quando estão em atividade, você os vê de quatro, contornando as estacas quase como cães. Mas é um erro imaginar que eles se divertem. Conversei sobre isso com dezenas de mineiros e todos eles admitem que a "viagem" é estafante; tanto é que, quando você os escuta conversar entre si sobre uma mina, a "viagem" é sempre um dos assuntos. Diz-se que a volta para casa é sempre mais rápida do que a ida para o trabalho; no entanto, todos os mineiros afirmam que o caminho de regresso, depois de um dia de trabalho duro, é particularmente penoso. É parte da atividade deles, e eles estão à altura dela, mas certamente se trata de um esforço. Pode ser comparado, talvez, à escalada de uma pequena colina antes e depois do seu dia de trabalho.

Depois de ter estado em duas ou três minas, você começa a ter alguma compreensão dos processos que ocorrem no subterrâneo. (Devo dizer, aliás, que não sei nada de nada sobre o aspecto técnico da mineração: estou meramente descrevendo o que vi.) O carvão se encontra em filões estreitos entre enormes camadas de rocha, de modo que, em essência, o processo de obtê-lo é como o de servir-se da camada central de um sorvete napolitano. No passado, os mineiros costumavam talhar diretamente o carvão, usando picareta e pé de cabra; um trabalho bem vagaroso porque o carvão, em seu estado virgem, é quase tão duro quanto rocha. Hoje em dia, o trabalho preliminar é realizado por um cortador elétrico que, grosso modo, é uma serra de fita muitíssimo resistente e potente, que circula na vertical em vez de na horizontal, com dentes medindo alguns centímetros e tendo uma polegada ou polegada e meia de espessura. O cortador elétrico pode mover-se para a frente ou para trás sozinho, e os homens que o operam conseguem controlar a rotação. Ele produz um dos ruídos mais horríveis que já ouvi e lança nuvens de poeira de carvão que tornam impossível enxergar além de cinquenta centímetros ou um metro, e quase impossível respirar. A máquina é movida ao longo da face de extração e corta a base do veio, assim enfraquecendo um metro e meio ou dois do carvão; depois disso, é relativamente fácil extrair o carvão até a profundidade à qual ele foi minado. Nos pontos em que, apesar disso, o carvão é "difícil de sair", ele precisa ser solto também com explosivos. Um homem com uma perfuratriz elétrica, ou antes uma versão em miniatura das britadeiras que consertam ruas, faz furos intervalados no carvão, insere pólvora, veda com argila, recua até um canto se existe algum nas proximidades (é suposto que ele se afaste vinte e dois metros) e aciona a descarga de corrente elétrica. O objetivo disso não é extrair o carvão, apenas fazê-lo soltar-se. É claro que ocasionalmente a descarga é forte demais, e então ela não apenas traz o carvão para fora como traz também o teto para baixo.

Depois da detonação, os "enchedores" podem rolar o carvão para fora, parti-lo e jogá-lo com as pás na correia transportadora. Eles saem primeiro em pedras monstruosas, que podem pesar até vinte toneladas. A correia os joga nos carrinhos coletores, e esses carrinhos são empurrados para a galeria principal e engatados a um cabo de aço que circula interminavelmente e os arrasta até a gaiola, de onde são içados. Na superfície, o carvão é classificado ao ser passado por várias peneiras e, se preciso, é lavado também. Na medida do possível, a "sujeira", ou seja, o xisto, é usado para fazer as galerias lá embaixo. Tudo que não pode ser aproveitado é mandado para a superfície e descartado; daí vêm as enormes pilhas de lixo, como montanhas cinzentas hediondas, que são partes típicas da paisagem em áreas de mineração de carvão. Quando o carvão foi extraído até a profundidade cortada pela máquina, a face de extração avançou um metro e meio. Novas estacas são instaladas para sustentar o teto recentemente exposto, e durante o turno seguinte a correia transportadora é despontada, movida adiante um metro e meio e remontada. Na medida do possível, as três operações (cortar, detonar e extrair) são feitas em três turnos distintos, o corte à tarde, a explosão à noite (existe uma lei, nem sempre cumprida, que proíbe detonações quando há outros homens trabalhando por perto) e pela manhã o "enchimento", que dura das seis horas às treze e trinta.

Mesmo que pare para observar o processo de extração do carvão, você provavelmente fará isso apenas por um breve período, e é só quando começar a fazer contas que vai perceber a tarefa extraordinária que os "enchedores" estão executando. Normalmente, cada homem precisa limpar um espaço medindo de três metros e meio a quatro metros e meio de largura. O cortador elétrico debilitou o carvão até um metro e meio de profundidade; assim, se o veio de carvão tiver por volta de um metro de altura, cada homem tem que cortar, quebrar e jogar na esteira de transporte algo entre cinco e nove metros cúbicos de carvão. Considerando que o metro cúbico de carvão pesa, arredondando, 1.800 quilos, isso significa dizer que cada homem desloca quase duas toneladas de carvão por hora. Tenho suficiente experiência com picareta e pá para apreender o significado disso. Quando estou cavando valas no meu jardim, se eu movimento duas toneladas de terra durante a tarde, sinto que fiz por merecer minha xícara de chá. Mas a terra é uma coisa dócil quando comparada ao carvão, eu não preciso trabalhar ajoelhado, trezentos metros abaixo do solo, em um calor sufocante e engolindo pó de carvão toda vez que respiro; nem preciso andar mais de um quilômetro e meio, curvado ao meio, antes de começar. O trabalho do mineiro estaria tão além da minha capacidade quanto fazer acrobacias em um trapézio ou vencer a competição nacional de hipismo na corrida de obstáculos. Não sou um trabalhador braçal e queira Deus que nunca me torne, mas há certos tipos de trabalho manual que eu poderia fazer, se precisasse. Poderia ser um gari razoável, um jardineiro algo ineficiente ou um ajudante de décima categoria em uma fazenda. Mas com nenhuma dose concebível de esforço ou treinamento eu poderia me tornar um mineiro de carvão; o trabalho me mataria em poucas semanas.

Ao observar mineiros em ação, você percebe momentaneamente os universos distintos que as pessoas habitam. Lá embaixo, onde o carvão é escavado, existe uma espécie de mundo à parte do qual se pode facilmente passar a vida sem ouvir falar. No entanto, ele é uma contrapartida absolutamente necessária ao nosso mundo aqui em cima. Praticamente tudo o que fazemos, de comer a cruzar o Atlântico, de assar pão a escrever um romance, envolve o uso direto ou indireto de carvão. Para todas as artes da paz, precisa-se de carvão; se a guerra estoura, precisa-se ainda mais. Em tempos de revolução, o mineiro precisa continuar trabalhando ou a revolução chega ao fim, pois tanto a revolução quanto a reação precisam de carvão. O que quer que esteja acontecendo na superfície, a extração e a remoção precisam continuar sem pausa ou, pelo menos, sem uma pausa maior do que poucas semanas, no máximo. Para que Hitler possa marchar naquele passo de ganso, para que o papa possa denunciar o bolchevismo, os torcedores de críquete possam se reunir em estádios e os poetas possam alisar as costas uns dos outros, o carvão precisa continuar chegando. Mas no geral não temos ciência disso; todos sabemos que "precisamos de carvão", mas raramente ou nunca nos lembramos do que está envolvido em sua obtenção. Cá estou eu sentado em frente à minha aconchegante lareira a carvão. Estamos em abril, mas ainda preciso de fogo. Uma vez a cada quinze dias, a carroça de carvão passa aqui na porta e homens em jaquetas de couro trazem o carvão para dentro, em sacos grandes que cheiram a alcatrão, e o despejam com ruído do depósito sob a escada. É muitíssimo raro, apenas quando faço um esforço mental decidido, que consigo relacionar esse carvão com o trabalho nas lonjuras das minas. É só "carvão" – algo que preciso ter; uma coisa preta que chega misteriosamente de nenhum lugar específico, como um maná, exceto que pelo carvão é preciso pagar. Com toda a facilidade você poderia dirigir pelo norte da Inglaterra e jamais, nem uma só vez, lembrar que, centenas de metros abaixo da estrada onde você está, mineiros estão extraindo carvão. Apesar disso, de certa forma são eles que estão movimentando o seu carro para a frente. O mundo iluminado por lâmpadas lá embaixo é tão necessário ao mundo ensolarado da superfície quanto uma raiz é para a flor.

Não faz muito tempo que as condições nas minas eram piores do que agora. Ainda estão vivas umas poucas mulheres muito velhas que, na juventude, trabalharam no subterrâneo, com arreios na cintura e uma corrente entre as pernas, que rastejavam de quatro puxando carrinhos coletores de carvão. Elas costumavam fazer isso mesmo quando estavam grávidas. E mesmo agora, se o carvão não pudesse ser extraído sem que mulheres grávidas rastejassem de um lado a outro, tenho a impressão de que preferiríamos deixá-las fazer isso a nos privar de carvão. Mas na maior parte do tempo, claro, nós preferiríamos esquecer que elas estavam fazendo isso. Assim é com todos os tipos de trabalho manual; ele nos mantêm vivos e nós nos esquecemos de sua existência. Talvez mais do que qualquer outra pessoa, o mineiro é o trabalhador braçal clássico, não apenas por seu trabalho ser desmesuradamente horrível, mas também por ser tão vitalmente necessário e ainda assim tão distante da nossa experiência, tão invisível, como era, que somos capazes de nos esquecer dele como do sangue em nossas veias. De certa forma, é até humilhante observar mineiros de carvão trabalhando. Provoca em você uma dúvida momentânea sobre seu *status* de "intelectual" e de pessoa superior de forma geral. Porque ao observá-los ocorre a você, ao menos durante a observação, que é somente porque aqueles mineiros suam e se esfalfam que pessoas superiores podem permanecer superiores. Você, eu, o editor do suplemento literário do *Times*, os poetas e o arcebispo de Canterbury e o Camarada X, autor de *Marxismo para crianças*, todos nós *realmente* devemos a relativa decência da nossa vida aos pobres trabalhadores subterrâneos de olhos enegrecidos e garganta impregnada de pó, que manejam as pás com seus músculos de aço nos braços e abdome.

1937

INGLATERRA, SUA INGLATERRA

1

Enquanto escrevo, seres humanos extremamente civilizados estão sobrevoando minha cabeça, tentando me matar.

Eles não sentem nenhuma animosidade contra mim enquanto indivíduo, tampouco eu contra eles. Estão apenas "fazendo seu trabalho", como se diz. A maioria, não tenho dúvida, é de homens bondosos e cumpridores da lei e jamais pensaria em cometer um assassinato em sua vida privada. No entanto, se algum deles obtiver sucesso em me fazer em pedacinhos pela explosão de uma bomba bem lançada, também não há de dormir pior por isso. Ele está servindo a seu país, e isso tem o poder de absolvê-lo do mal.

Não se pode entender o mundo moderno a menos que se reconheça a força esmagadora do patriotismo, da lealdade nacional. Em dadas circunstâncias ele pode esfriar, em certos níveis de civilização ele não existe, mas como força *positiva* não existe nada equivalente. A cristandade e o socialismo internacional são fracos como palha em comparação a ele.

Hitler e Mussolini chegaram ao poder nos respectivos países, em grande medida, porque conseguiram entender esse fato, e seus oponentes, não.

Além disso, é preciso admitir que as separações entre uma nação e outra se fundamentam em diferenças reais de perspectiva. Até recentemente, considerava-se adequado fingir que todos os seres humanos são muito parecidos, mas na verdade qualquer um capaz de usar os olhos sabe que o comportamento humano médio difere enormemente de país para país. Coisas que poderiam acontecer em um não poderiam acontecer em outro. O expurgo que Hitler promoveu em junho, por exemplo, não poderia ter ocorrido na Inglaterra. E, no que diz respeito aos povos ocidentais, os ingleses são altamente diversos. Há uma espécie de admissão indireta desse fato no desgosto que quase todos os estrangeiros sentem pelo nosso estilo de vida nacional. Poucos europeus suportam viver na Inglaterra, e mesmo norte-americanos com frequência se sentem mais em casa na Europa.

Quando você volta para a Inglaterra vindo de qualquer país estrangeiro, tem imediatamente a sensação de respirar um ar diferente. Já nos primeiros minutos dúzias de pequenas coisas conspiram para provocar essa sensação. A cerveja é mais amarga, as moedas são mais pesadas, a grama é mais verde, as propagandas são mais espalhafatosas. As multidões nas grandes cidades, com seus rostos encaroçados, dentes ruins e modos gentis, são diferentes das multidões europeias. Em seguida a vastidão da Inglaterra o engole, e por um momento você perde a sensação de que o país inteiro tem um único caráter identificável. Existem mesmo essas coisas, as nações? Não seremos quarenta e seis milhões de indivíduos, todos diferentes? E a variedade, o caos! O bater de tamancos nas cidades fabris do condado de Lancashire, o vaivém dos caminhões na Great North Road entre a Inglaterra e a Escócia, as filas nas agências públicas de emprego, os barulhos dos fliperamas nos *pubs* do Soho, as velhas empregadas indo de bicicleta receber a Sagrada Eucaristia em meio à névoa matutina de outono – todos esses não são apenas fragmentos, mas fragmentos *característicos* da paisagem da Inglaterra. Como é possível estabelecer um padrão a partir de tamanha desordem?

Mas converse com estrangeiros, leia livros ou jornais estrangeiros, e você é jogado de volta àquele pensamento. Sim, existe *algo* distinto e diferenciável na civilização inglesa. É uma cultura tão singular quanto a espanhola, unida de alguma forma por cafés da manhã pesados e domingos sombrios, cidades enfumaçadas e estradas sinuosas, campos verdejantes e pilares de correio vermelhos. Tem um sabor próprio. Além disso, é contínua, estende-se ao futuro e ao passado, há algo nela que persiste, como em uma criatura viva. O que a Inglaterra de 1940 pode ter em comum com a Inglaterra de 1840? Da mesma forma, o que você tem em comum com aquela criança de cinco anos cuja fotografia sua mãe mantém na lareira? Nada, exceto que por acaso vocês são a mesma pessoa.

Acima de tudo, esta é a *sua* civilização, ela é *você*. Por mais que você a odeie ou zombe dela, jamais será feliz se ficar longe por muito tempo. O pudim de rins de carneiro e os pilares de correio vermelhos penetraram na sua alma. Bem ou mal, este país é seu, você pertence a ele e, deste lado da cova, você nunca vai se livrar das marcas que ele lhe fez.

Ao mesmo tempo, a Inglaterra, bem como o resto do mundo, está mudando. E, como qualquer outra coisa, ela só pode mudar em determinadas direções, e elas, até certo ponto, podem ser antevistas. Isso não quer dizer que o futuro está dado, apenas que certas alternativas são possíveis e que outras não são. Uma semente pode brotar ou não, mas, seja como for, de um nabo não nasce uma cenoura. Portanto, é da mais profunda importância testar e determinar o que a Inglaterra *é*, antes de adivinhar que papel ela *pode desempenhar* nos eventos colossais que estão ocorrendo.

2

Não é fácil definir características nacionais e, uma vez definidas, elas com frequência são trivialidades ou aparentam não ter conexão entre si. Os espanhóis são cruéis com os animais, os italianos não conseguem fazer nada sem produzir um barulho ensurdecedor, os chineses são viciados em apostas. Obviamente, essas coisas não têm importância por si mesmas. Ainda assim, nada é sem razão, e até o fato de os ingleses terem dentes ruins pode contar alguma coisa sobre as realidades da vida na Inglaterra.

Aqui vão algumas generalizações que seriam aceitas por quase todos os observadores. A primeira é que os ingleses não são artisticamente dotados. Eles não são musicais como os alemães ou os italianos, e a pintura e a escultura nunca floresceram na Inglaterra como floresceram na França. Outra é que, em comparação aos europeus, os ingleses não são intelectuais. Eles têm horror ao pensamento abstrato, não sentem necessidade de nenhuma filosofia ou de uma "visão de mundo" sistematizada. Tampouco isso se dá por eles serem "práticos", conforme tão orgulhosamente gostam de alegar sobre si. Basta olhar para seus métodos de planejamento urbano ou de fornecimento de água, sua obstinação a preservar tudo que é ultrapassado e incômodo, para uma ortografia que desafia qualquer análise, e um sistema de pesos e medidas só inteligível para colecionadores de livros de aritmética, para perceber quão pouco se importam com a simples eficiência. Mas eles têm certa capacidade de agir sem pensar antes. Sua famosa hipocrisia – a atitude dúbia em relação ao império, por exemplo – é baseada nisso. Além disso, em momentos de crise aguda, a nação inteira pode de repente se unir e agir com base em uma espécie de instinto, na verdade um código de conduta compreendido por quase todo mundo, apesar de nunca formulado. A frase que Hitler cunhou sobre os alemães, "um povo sonâmbulo", teria sido mais bem aplicada aos ingleses. Não que haja nada de que se orgulhar em ser chamado de sonâmbulo.

Mas vale a pena mencionar uma pequena peculiaridade inglesa que é muito acentuada, embora não muito comentada: o amor pelas flores. Essa é uma das primeiras coisas que se notam quando se chega à Inglaterra vindo do exterior, especialmente quando se vem da parte sul da Europa. Isso não contradiz a indiferença inglesa pelas artes? Na verdade, não, porque ele é encontrado em pessoas que não têm nenhuma sensibilidade estética. Aquilo a que este amor se liga de fato é outro traço inglês característico, tão parte de nós que mal o notamos, que é o vício em passatempos e ocupações para os momentos livres, a *privacidade* da vida inglesa. Somos uma nação de amantes de flores, mas também uma nação de colecionadores de selos, aficionados a pombos, carpinteiros amadores, cortadores de cupons promocionais, jogadores de dardos, fãs de palavras cruzadas. Tudo que há de mais verdadeiramente nativo na cultura está concentrado ao redor de coisas que, mesmo quando comunais, não são oficiais: o *pub*, a partida de futebol, o jardim dos fundos, a lareira e "uma boa xícara de chá". Ainda se acredita na liberdade do indivíduo, quase como no século XIX.

Mas isso não tem nada a ver com liberdade econômica, com o direito de explorar terceiros para lucrar. É a liberdade de ter a sua casa, fazer o que quiser no seu tempo livre e escolher os próprios passatempos, em vez de tê-los escolhidos, em seu nome, por alguém acima de você. Para ouvidos ingleses, a palavra mais detestável é "enxerido". É óbvio que mesmo essa liberdade puramente particular é uma causa perdida. Como todos os outros povos modernos, os ingleses estão no processo de serem numerados, rotulados, alistados, "coordenados". Mas a força de seus impulsos vai em outra direção, e o tipo de recrutamento que pode ser imposto sobre eles será alterado, em consequência. Nada de comícios partidários, Movimento Jovem, camisas coloridas, espancamento de judeus nem demonstrações "espontâneas". Nada de Gestapo também, com toda a probabilidade.

Em todas as sociedades, porém, as pessoas comuns precisam em alguma medida viver *contra* a ordem vigente. A cultura genuinamente popular da Inglaterra existe sob a superfície, é não oficial e relativamente malvista pelas autoridades. Uma coisa que se observa, ao se olhar diretamente para as pessoas comuns, em especial nas grandes cidades, é que elas não são puritanas. São apostadoras inveteradas, bebem tanto quanto seus salários permitem, dedicam-se a piadas obscenas e usam provavelmente a linguagem mais porca do mundo. Elas precisam satisfazer essas necessidades em face de leis espantosas e hipócritas (leis de licenciamento, leis da loteria, etc., etc.), que são feitas para interferir em tudo, mas na prática permitem que tudo aconteça. Além do mais, as pessoas comuns não possuem uma crença religiosa definida, e assim têm sido por séculos. A Igreja Anglicana nunca as dominou de fato, foi sempre uma salvaguarda da nobreza latifundiária, e as seitas não conformistas influenciaram apenas as minorias. Mesmo assim, as pessoas comuns ainda retiveram um matiz profundamente cristão, ao mesmo tempo que quase se esqueceram do nome de Cristo. A adoração ao poder, que é a nova religião da Europa e que infectou a *intelligentsia* inglesa, nunca atingiu as pessoas comuns. Elas nunca acompanharam a política do poder. O "realismo" defendido nos jornais japoneses e italianos lhes causaria horror. Pode-se aprender um bocado sobre o espírito inglês a partir dos postais cômicos coloridos exibidos nas vitrines das papelarias baratas. Essas coisas são uma espécie de diário em que o povo inglês inconscientemente registrou a si mesmo. A aparência antiga, as gradações de esnobismo, a mescla de obscenidade e hipocrisia, a extrema gentileza, a atitude profundamente moral diante da vida, está tudo refletido ali.

A gentileza da civilização da Inglaterra é talvez sua característica mais marcante. Você nota isso no instante em que põe os pés em solo inglês. É uma terra onde os motoristas de ônibus têm bom gênio e os policiais não carregam revólveres. Em nenhum outro país habitado por homens brancos é mais fácil empurrar alguém para fora da calçada. E isso leva a algo sempre descrito por observadores europeus como "decadência" ou hipocrisia, o ódio inglês à guerra e ao militarismo. Esse ódio tem raízes históricas profundas e é forte tanto na classe média baixa quanto na classe trabalhadora. Guerras sucessivas o abalaram, mas não destruíram. Bem viva na memória está a lembrança de os "casaca-vermelhas[12]" serem vaiados nas ruas, e de os proprietários de lugares respeitáveis se recusarem a admitir soldados em suas propriedades. Em tempos de paz, mesmo havendo dois milhões de desempregados, é difícil preencher as fileiras do diminuto exército permanente, que é abastecido de oficiais pelos latifundiários e por um estrato especializado da classe média, e de soldados rasos por trabalhadores rurais e proletários de cortiços. O povo não tem conhecimento nem tradição militar, e sua atitude em relação à guerra é invariavelmente defensiva. Nenhum político conseguiria chegar ao poder prometendo-lhes conquistas ou "glórias" militares, e nenhum Hino de Ódio jamais os atraiu. Na última guerra, as canções que os soldados inventavam e cantavam, por iniciativa própria, não eram vingativas,

---

[12] "Casaca-vermelha" é uma forma depreciativa de fazer referência aos soldados britânicos. (N.T.)

e sim bem-humoradas, comicamente derrotistas[13]. O único inimigo que eles alguma vez nomearam foi o subtenente.

Na Inglaterra, toda demonstração de orgulho e agitação de bandeira, todo aquele negócio de "Rule Britannia[14]", é executado por pequenas minorias. O patriotismo das pessoas comuns não é verbal, nem mesmo consciente. Elas não guardam em suas lembranças históricas o nome de uma única vitória militar. A literatura inglesa, como a de outras nacionalidades, é repleta de poemas de batalhas, mas vale a pena notar que os que conquistaram alguma popularidade são sempre os que relatam derrotas e recuos. Não há poemas populares sobre Trafalgar[15] ou Waterloo[16], por exemplo. O exército de Sir John Moore, na Corunha espanhola, combatendo desesperadamente em uma ação de retaguarda antes de escapar por mar (exatamente como em Dunquerque!), tem mais apelo do que uma vitória brilhante. Em inglês, o poema de batalha mais envolvente é sobre uma brigada de cavalaria que avançou na direção errada. E, quanto à última guerra, os quatro nomes que realmente se inscreveram na memória popular são Mons, Ypres, Gallipoli e Passchendaele, desastres todas as vezes[17]. Os nomes dos grandes combates que finalmente derrotaram os exércitos alemães são simplesmente desconhecidos do público geral.

A razão pela qual o antimilitarismo inglês desagrada aos observadores estrangeiros é que o antimilitarismo ignora a existência do Império Britânico. Parece franca hipocrisia. Afinal, os ingleses incorporaram um quarto da Terra e o mantiveram por meio de uma marinha enorme. Como então eles se atrevem a dar as costas e dizer que a guerra é perversa?

É bem verdade que os ingleses são hipócritas em relação a seu Império. Na classe trabalhadora, esta hipocrisia assume a forma do não

---

[13] Por exemplo: "Eu não quero me juntar ao maldito exército, eu não quero ir para a guerra; não quero mais perambular, prefiro ficar em casa vivendo a uma puta ganhar". Mas este não era o espírito com o qual combatiam. (N.A.)
[14] Canção patriótica britânica do século XVIII. (N.T.)
[15] Batalha de Trafalgar, 1805, Espanha. (N.T.)
[16] Batalha de Waterloo, 1815, Bélgica. (N.T.)
[17] Combates ocorridos na Primeira Guerra Mundial: Batalha de Mons, 1914, Bélgica; Primeira Batalha de Ypres, 1914, Bélgica; Batalha de Gallipoli, 1915-1916, Império Otomano; Batalha de Passchendaele, ou Terceira Batalha de Ypres, 1917, Bélgica. (N.T.)

conhecimento de que o Império existe. Mas o desgosto deles por exércitos permanentes é perfeitamente instintivo. Uma marinha emprega relativamente poucas pessoas, e é uma arma externa que não pode afetar diretamente a política doméstica. Ditaduras militares existem em todo lugar, mas uma ditadura naval é algo que não existe. O que os ingleses de quase todas as classes desprezam do fundo do coração é o oficial do tipo arrogante, o tilintar das esporas e o barulho feito pelas botas. Décadas antes de se ouvir falar de Hitler, a palavra "prussiano" tinha na Inglaterra praticamente o mesmo significado que "nazista" tem hoje. O sentimento é tão enraizado que nos últimos cem anos os oficiais do exército britânico usam sempre trajes civis quando não estão de serviço.

Um guia rápido, mas bastante confiável, para a atmosfera social de um país é o passo de desfile de seu exército. Uma parada militar é na verdade um tipo de dança ritual, algo como um balé, que expressa certa filosofia de vida. O passo de ganso, por exemplo, é uma das visões mais horríveis do mundo, muito mais assustadora do que um bombardeiro de mergulho. Simplesmente, é uma afirmação de puro poder; contida nela, com bastante consciência e intencionalidade, está a visão de uma bota esmagando um rosto. Sua feiura é parte de sua essência, pois o que ela diz é "Sim, eu *sou* feia, e você não ousa rir de mim", como o valentão que faz caretas para sua vítima. Por que o passo de ganso não é usado na Inglaterra? Deus sabe que há vários oficiais do exército que ficariam mais do que satisfeitos de incorporar tal coisa. Esse passo não é usado, porque as pessoas nas ruas dariam risada. Além de certo ponto, a exibição militar só é possível nos países em que as pessoas comuns não ousam rir do exército. Os italianos adotaram o passo de ganso por volta da época em que a Itália passou definitivamente para o controle alemão e, conforme era de esperar, o executam menos bem do que os alemães. O governo de Vichy, caso sobreviva, está fadado a introduzir, nos desfiles do que resta do exército francês, uma disciplina mais rígida. No exército britânico, as manobras são rígidas e complicadas, cheias de lembranças do século XVIII, mas sem bravatas explícitas; a marcha é meramente um caminhar formalizado. Pertence a uma sociedade regida pela espada, sem dúvida, mas uma espada que nunca deve ser tirada da bainha.

Ainda assim, a gentileza da civilização inglesa é misturada a barbaridades e anacronismos. Nossa lei penal é tão desatualizada quanto os mosquetes na Torre[18]. Contra as tropas de choque do nazismo, você precisa contrapor aquela figura tipicamente inglesa, o juiz de enforcamentos, um valentão velho, sofrendo de gota e com a mente plantada no século XIX, expedindo sentenças selvagens. Na Inglaterra, as pessoas ainda são penduradas pelo pescoço e açoitadas com o chicote de nove cordas. Ambas essas punições são tão obscenas quanto cruéis, mas nunca houve um só clamor público contra elas. As pessoas as aceitam (bem como as prisões de Dartmoor e Borstal) quase como aceitam as mudanças climáticas. Fazem parte da "lei", tida como inalterável. Aqui se chega a um traço inglês fundamental: o respeito pelo constitucionalismo e pela legalidade, a crença "na lei" como algo acima do Estado e do indivíduo, algo cruel e estúpido, claro, mas, de qualquer forma, *incorruptível*.

Não é que alguém imagine que a lei seja justa. Todo mundo sabe que existe uma lei para os ricos e outra para os pobres. Mas ninguém aceita as implicações disso, todos tomam como garantido que a lei, tal como é, será respeitada, e sentem indignação quando ela não é. Comentários como "Eles não podem me prender, eu não fiz nada errado", ou "Eles não podem fazer isso, é contra a lei" são parte da atmosfera da Inglaterra. Nos inimigos confessos da sociedade esse sentimento é tão forte quanto em qualquer um. Vê-se isso em livros sobre prisões, como no *Walls have mouths* de Wilfred Macartney, e no *Jail journey,* de Jim Phelan, nas idiotices solenes proferidas nos julgamentos dos objetores de consciência, nas cartas que professores marxistas enviam aos jornais para denunciar este ou aquele "desvio da Justiça britânica". Todo mundo acredita do fundo do coração que a lei pode ser, deve ser e, no geral, há de ser imparcialmente administrada. A ideia totalitária de que não existe isso de lei, que só existe poder, nunca se estabeleceu. Até mesmo a *intelligentsia* só a aceitou em teoria.

---

[18] Modo como é conhecido o Palácio e Fortaleza Real de Sua Majestade da Torre de Londres, construção iniciada no século XI. (N.T.)

Uma ilusão pode tornar-se uma meia verdade, uma máscara pode alterar a fisionomia de um rosto. Os velhos argumentos sobre a democracia ser "tão boa quanto" ou "tão ruim quanto" o totalitarismo nunca levam esse fato em conta. Ao fim e ao cabo, tais argumentos se reduzem a afirmar que meio pão é igual a nenhum pão. Na Inglaterra, ainda se acredita em conceitos como justiça, liberdade e verdade objetiva. Podem ser ilusões, mas são ilusões poderosas. A crença nesses conceitos influencia a conduta, e a vida nacional é diferente por causa deles. Se quer uma prova, olhe ao redor. Onde estão os cassetetes de borracha, onde está o óleo de rícino? A espada ainda está na bainha e, enquanto permanecer ali, a corrupção não poderá avançar além de certo ponto. O sistema eleitoral inglês, por exemplo, é uma fraude quase escancarada. De uma dúzia de modos evidentes, ele é manipulado para favorecer os interesses das classes endinheiradas. Mas, até que uma mudança profunda ocorra na mente do público, ele não poderá ser *completamente* corrompido. Você não chega à cabine de votação e encontra homens armados lhe dizendo em quem votar, nem os votos são mal contados nem ocorrem subornos explícitos. Até a hipocrisia é uma salvaguarda poderosa. O juiz dos enforcamentos, aquele velho de manto escarlate e peruca de pelo de cavalo, a quem nada abaixo de dinamite vai conseguir ensinar em qual século está vivendo, mas que ainda assim vai interpretar a lei com todo o rigor e sob nenhuma circunstância aceitará suborno, é uma das figuras simbólicas da Inglaterra. Ele é o símbolo da estranha mistura entre realidade e ilusão, democracia e privilégio, embuste e decência, a teia sutil de compromissos que preserva a nação em sua forma conhecida.

3

Eu falei o tempo todo sobre "a nação", "Inglaterra" e "britânico" como se quarenta e cinco milhões de almas pudessem de alguma forma ser tratados como unidade. Mas a Inglaterra não é notoriamente duas nações, os ricos e os pobres? Alguém ousaria fingir que existe qualquer coisa em comum entre pessoas com cem mil libras esterlinas ao ano e pessoas com uma libra por semana? Até leitores galeses e escoceses provavelmente se ofenderam porque usei a palavra "inglês" com mais frequência do que "britânico", como se a população inteira habitasse Londres e seus arredores e nem o norte nem o oeste tivessem uma cultura própria.

Obtém-se uma visão melhor dessa questão quando se considera o aspecto menor em primeiro lugar. É bem verdade que as assim chamadas raças da Bretanha sentem que são muito diferentes umas das outras. Um escocês, por exemplo, não vai lhe agradecer se você o chamar de inglês. Nossa hesitação a esse respeito pode ser observada no fato de chamarmos nossas ilhas por nada menos do que seis nomes diferentes: Inglaterra, Bretanha, Grã-Bretanha, Ilhas Britânicas, Reino Unido e, em momentos de grande exaltação, Albion. Mesmo as diferenças entre o norte e o sul da Inglaterra assomam como grandes aos nossos próprios olhos. Mas de alguma forma essas distinções desaparecem no instante em que dois bretões são comparados por um europeu. É muito raro encontrar um estrangeiro, além do norte-americano, que consiga distinguir ingleses de escoceses e até ingleses de irlandeses. Para um francês, o bretão e o auvérnio parecem criaturas muito diferentes, e o sotaque de Marselha é uma piada clássica em Paris. Ainda assim, nós dizemos a "França" e "os franceses", reconhecendo a França como uma entidade, uma civilização única, como de fato é. Da mesma forma com nós próprios. Observados de fora, até os sotaques de Londres e de York guardam uma forte semelhança familiar.

Mesmo a distinção entre ricos e pobres se reduz um pouco quando se observa a nação a partir de fora. Não há dúvida sobre a desigualdade de riqueza na Inglaterra. É mais gritante do que em qualquer país europeu, e você só precisa olhar para a rua mais próxima para enxergar. Economicamente, a Inglaterra é com certeza duas nações, se não três ou quatro. Mas ao mesmo tempo a ampla maioria das pessoas sente que elas são uma nação única, e têm consciência de se parecer mais uma com a outra do que com estrangeiros. O patriotismo em geral é mais forte do que o ódio de classe, e sempre mais forte do que qualquer tipo de internacionalismo. Exceto por um curto período nos anos 1920 (o movimento "Tirem as mãos da Rússia"), a classe trabalhadora britânica nunca pensou ou agiu internacionalmente. Durante dois anos e meio, ela observou seus camaradas espanhóis serem lentamente estrangulados, e jamais os ajudou nem mesmo com uma única greve[19]. Mas, quando seu próprio país (o país de lorde Nuffield e do senhor Montagu Norman[20]) estava em perigo, sua atitude foi muito diferente. No instante em que pareceu provável que a Inglaterra poderia ser invadida, o conservador Anthony Eden usou o rádio para apelar por voluntários para a defesa local. Ele conseguiu um quarto de milhão de homens nas primeiras vinte e quatro horas, e mais um milhão no mês seguinte. Basta comparar esses números com, por exemplo, a quantidade dos objetores de consciência, para ver como as lealdades tradicionais são fortes quando comparadas às recentes.

Na Inglaterra, o patriotismo assume diferentes formas em diferentes classes sociais, mas funciona como um fio condutor que atravessa quase todas. Só a *intelligentsia* europeizada é realmente imune a ele. Como emoção positiva, é mais forte na classe média do que na classe alta – as escolas particulares baratas, por exemplo, são mais dadas a demonstrações patrióticas do que as caras –, mas o número de homens ricos realmente traiçoeiros, o tipo Quisling-Laval[21], é provavelmente muito pequeno. Na classe trabalhadora, o patriotismo é profundo, porém inconsciente. O coração do proletário não pula de emoção diante da bandeira. Mas as famosas "insularidade" e "xenofobia" dos ingleses são muito mais fortes na classe trabalhadora do que na burguesia. Em todos os países, os pobres são mais nacionalistas do que os ricos, mas na Inglaterra a classe trabalhadora se destaca por seu horror aos hábitos estrangeiros. Mesmo quando

---

[19] É fato que até certo ponto eles os ajudaram com dinheiro. Mesmo assim, os valores arrecadados para os diversos fundos de ajuda à Espanha não atingiriam nem cinco por cento do volume movimentado pelas loterias esportivas no mesmo período. (N.A.)

[20] William Richard Morris (1877-1963), primeiro-visconde de Nuffield, foi um industrial e filantropo inglês. Montagu Collet Norman, primeiro-barão Norman (1871-1950), foi um banqueiro inglês. (N.T.)

[21] Pierre Jean Marie Laval (1883-1945), político francês, apoiou a anexação da Abissínia por Mussolini. Vidkun Quisling (1887-1945) foi um militar norueguês apoiador do nazismo; nas línguas escandinavas e em inglês, seu sobrenome é usado como sinônimo de "colaboracionista". (N.T.)

são obrigados a viver no exterior por muitos anos, eles se recusam tanto a se acostumar à comida local quanto a aprender o idioma. Quase todos os ingleses de origem trabalhadora consideram efeminado pronunciar corretamente uma palavra estrangeira. Durante a guerra de 1914-1918, o proletariado inglês esteve em contato com estrangeiros em um nível que raramente é possível. O único resultado disso foi que voltaram para casa com ódio de todos os europeus, exceto os alemães, a quem admiram pela coragem. Quatro anos em solo francês, e eles não adquiriram nem mesmo gosto pelo vinho. A insularidade dos ingleses, sua recusa em levar estrangeiros a sério, é uma insanidade que periodicamente cobra um preço alto. Mas ela desempenha um papel na mística inglesa, e os intelectuais que tentaram rompê-la geralmente fizeram mais mal do que bem. No fundo, trata-se da mesma qualidade do caráter inglês que repele o turista e afasta o invasor.

Aqui, voltam à tona as duas características inglesas que assinalei, aparentemente ao acaso, no início da última seção. Uma é a falta de habilidade artística. Esta é talvez outra forma de dizer que os ingleses estão fora da cultura europeia. Pois existe uma arte na qual demonstraram abundância de talento: a literatura. Mas esta é também a única arte que não consegue atravessar fronteiras. A literatura, em especial a poesia, e a poesia lírica acima de todas, é um tipo de piada familiar, com pouco ou nenhum valor fora do próprio grupo linguístico. Excetuando-se Shakespeare, os melhores poetas ingleses mal são conhecidos na Europa, mesmo seus nomes. Os únicos poetas amplamente lidos são Byron, que é admirado pelas razões erradas, e Oscar Wilde, que é lamentado como uma vítima da hipocrisia inglesa. E associada a isso, embora de um modo não muito óbvio, está a falta de aptidão filosófica, a ausência de necessidade, em quase todos os ingleses, de um sistema ordenado de pensamento ou mesmo de uso da lógica.

Até certo ponto, a sensação de unidade nacional funciona como um substituto para uma "visão de mundo". Apenas porque o patriotismo é tudo, menos universal, e porque nem mesmo os ricos deixam de ser influenciados por ele, podem ocorrer momentos em que toda a nação de repente se aproxima e faz a mesma coisa, como um rebanho encarando um lobo. Houve um momento assim, inequivocamente, por ocasião do desastre na França. Depois de oito meses se perguntando vagamente sobre o que era a guerra, as pessoas de repente se deram conta do que deveriam fazer: primeiro, tirar o exército de Dunquerque e, em segundo lugar, evitar uma invasão. Foi como o despertar de um gigante. Rápido! Perigo! Os filisteus estão nos seus calcanhares, Sansão! E então uma ação ágil e unânime e depois, lamentavelmente, uma recaída imediata no sono. Em uma nação dividida, essa teria sido a ocasião ideal para o surgimento de um grande movimento pela paz. Mas isso significa que o instinto dos ingleses sempre vai dizer a eles para fazer a coisa certa? Absolutamente; vai apenas lhes dizer para fazer a mesma coisa. Nas eleições gerais de 1931, por exemplo, todos fizemos a coisa errada em perfeito uníssono. Agimos com a mesma mentalidade única dos porcos de Gérasa[22]. Mas, sinceramente, eu duvido que possamos dizer que fomos empurrados ladeira abaixo contra a nossa vontade.

Disso decorre que a democracia britânica é menos fraudulenta do que às vezes parece. Um observador estrangeiro vê apenas a imensa desigualdade de riqueza, o sistema eleitoral injusto, o controle da imprensa, do rádio e da educação pela classe governante, e conclui que democracia é simplesmente um nome suave para ditadura. Mas isso ignora o acordo considerável que infelizmente existe entre líderes e liderados. Por mais que se odeie admitir, é quase certo que entre 1931 e 1940 o governo nacional representava a vontade da maioria da população. Esse governo tolerava os cortiços, o desemprego e uma política externa covarde. Sim, mas a opinião pública também. Foi um período de estagnação e seus líderes naturais eram medíocres.

A despeito das campanhas de uns poucos esquerdistas, é razoável supor que a maioria dos ingleses apoiava a política externa de Chamberlain[23]. Mais que isso, é razoável supor que a mesma luta travada na cabeça de

---

[22] Segundo a tradição bíblica, dois mil porcos desceram correndo uma colina e se afogaram em um lago, por estarem possuídos por demônios. (N.T.)

[23] Arthur Neville Chamberlain (1869-1940), primeiro-ministro do Reino Unido entre 1937 e 1940. (N.T.)

Chamberlain ocorria na cabeça das pessoas comuns. Seus adversários afirmavam ver nele um conspirador sombrio e astuto tramando a venda da Inglaterra para Hitler, mas é muito mais provável que ele fosse apenas um velho burro fazendo o melhor que podia com as parcas luzes de que dispunha. Do contrário, é difícil explicar as contradições de sua política, sua falha em compreender qualquer um dos caminhos que estavam abertos para ele. Como a maioria do povo, ele não queria pagar o preço nem pela paz nem pela guerra. E a opinião pública esteve com ele o tempo todo, em políticas que eram totalmente incompatíveis entre si. Apoiaram-no quando ele foi a Munique, quando ele tentou chegar a um entendimento com a Rússia, quando deu garantias à Polônia, quando as honrou e quando, sem muito ânimo, conduziu a guerra. Só quando os resultados de sua política se tornaram evidentes é que a opinião pública se voltou contra ele, o que quer dizer que se voltou contra a própria letargia dos sete anos anteriores. Assim, as pessoas escolheram um líder mais próximo de seu estado de espírito, Churchill[24], que, pelo menos, foi capaz de entender que guerras não são vencidas sem luta. Mais tarde, quem sabe, será escolhido um líder que consiga entender que apenas nações socialistas podem combater eficazmente.

Quero eu com isso dizer que a Inglaterra é uma autêntica democracia? Não; nem mesmo um leitor do *Daily Telegraph* engoliria isso.

A Inglaterra é o país mais classista sob o sol. É uma terra de esnobismo e privilégios, dominada em grande medida pelos velhos e tolos. Mas em qualquer avaliação sobre ela é preciso levar em consideração sua unidade emocional, a tendência de quase todos os habitantes a ter sentimentos parecidos e a agir juntos em momentos de crise extrema. É o único grande país da Europa que não é forçado a conduzir centenas de milhares de seus cidadãos para o exílio ou campos de concentração. Neste momento, após um ano de guerra, jornais e panfletos insultando o governo, elogiando o inimigo e clamando pela rendição estão sendo vendidos nas ruas quase

---

[24] Sir Winston Leonard Spencer-Churchill (1874-1965) foi primeiro-ministro do Reino Unido durante a Segunda Guerra Mundial e de novo entre 1951 e 1955. (N.T.)

sem interferência. Isso se deve menos por respeito à liberdade de expressão do que pela simples percepção de que essas coisas não têm importância. É seguro permitir que um jornal como o *Peace News* seja vendido porque é certo que noventa e cinco por cento da população jamais vai desejar lê-lo. A nação se mantém unida por uma corrente invisível. Em qualquer período normal, a classe dirigente vai roubar, administrar mal, sabotar, meter-nos em problemas; mas deixemos que a opinião pública se faça ouvir, deixemos que eles recebam um puxão vindo de baixo e que não possam evitar sentir, e será difícil que não reajam. Os escritores de esquerda que denunciam a totalidade da classe dominante como "pró-fascista" estão fazendo uma simplificação grosseira. Mesmo no núcleo duro dos políticos que nos trouxeram até a presente situação é duvidoso que haja algum traidor *consciente*. A corrupção que ocorre na Inglaterra raramente é desse tipo. Quase sempre, é da categoria do autoengano, como a mão direita ignora o que a esquerda faz. E, por ser inconsciente, é limitada. Vê-se isso da forma mais óbvia na imprensa. Todos os jornais que importam vivem de anúncios, e os anunciantes exercem uma censura indireta sobre as notícias. Mesmo assim, não creio que exista um só jornal na Inglaterra que possa ser explicitamente subornado com dinheiro vivo. Na França da Terceira República, é notório que todos eles, exceto uns poucos, poderiam ser negociados no balcão, como pedaços de queijo. A vida pública na Inglaterra nunca foi *abertamente* escandalosa. Não alcançou o nível de desintegração em que a farsa pode ser abandonada. A Inglaterra não é a ilha preciosa da tão citada passagem de Shakespeare, também não é o inferno descrito pelo doutor Goebbels. Mais do que com qualquer uma dessas coisas, ela se parece com uma família, uma família vitoriana sufocante, com não muitas ovelhas desgarradas, mas com os armários explodindo de esqueletos. Tem parentes ricos diante dos quais se curva e parentes pobres sobre os quais se senta, e há uma conspiração silenciosa profunda acerca da fonte de seu dinheiro. É uma família em que os jovens são em geral frustrados e a maior parte do poder está nas mãos de tios irresponsáveis e tias acamadas. Ainda assim, é uma família. Tem sua linguagem particular, suas recordações compartilhadas e, à aproximação de um inimigo, cerra fileiras. Uma família com os membros errados no comando – e esse, talvez, seja o mais perto que se pode chegar de descrever a Inglaterra em uma frase.

4

Provavelmente, a Batalha de Waterloo *foi* vencida nos campos de jogo de Eton, mas as batalhas iniciais de todas as guerras seguintes foram perdidas ali. Um dos fatos marcantes da vida na Inglaterra durante os últimos três quartos de século foi a queda na capacidade da classe dominante.

Entre os anos 1920 e 1940, esse declínio ocorreu na velocidade de uma reação química. Como a faca que tem dois gumes novos e três cabos novos, as franjas superiores da sociedade inglesa ainda são quase o que costumavam ser em meados do século XIX. Depois de 1832, a velha aristocracia proprietária de terras perdeu poder continuamente; porém, em vez de desaparecerem ou se tornarem um fóssil, eles se casaram com os comerciantes, industriais e financistas que os substituíram, e logo se transformaram em cópias exatas de si mesmos. O proprietário rico de um navio ou de um moinho de algodão criou para si um álibi de cavalheiro rural, enquanto seus filhos aprenderam os maneirismos certos em escolas particulares que foram pensadas precisamente com esse propósito. A Inglaterra era governada por uma aristocracia constantemente recrutada entre os novos-ricos. E, considerando toda a energia que possuíam os homens que venciam por esforço próprio, e considerando que eles estavam comprando o acesso a uma classe que de qualquer forma já tinha tradição no serviço público, era de esperar que dirigentes capazes fossem produzidos, de alguma forma.

Apesar disso, a classe dominante decaiu, perdeu sua capacidade, sua ousadia e por fim até mesmo sua crueldade, até que chegou uma época em que presunçosos como Eden[25] e Halifax[26] conseguiram se destacar como homens de talento excepcional. Quanto a Baldwin[27], não se pode dignificá-lo nem mesmo com o rótulo de presunçoso. Ele era simplesmente um buraco no ar. A má condução dos problemas domésticos da Inglaterra durante os anos 1920 tinha sido suficientemente ruim, mas a política externa britânica entre 1931 e 1939 é uma das maravilhas do mundo. Por quê? O que aconteceu? O que fez com que, em todos os momentos decisivos, os estadistas britânicos fizessem a coisa errada com uma determinação tão imperturbável?

O fato subentendido era que toda a posição da classe endinheirada havia desde muito antes deixado de ser justificável. Lá estavam eles, sentados no centro de um vasto império e de uma teia financeira mundial, obtendo juros e lucros e gastando em – em quê? É justo dizer que a vida no Império Britânico era de muitas formas melhor do que a vida fora dele. Mesmo assim, o império era subdesenvolvido, a Índia dormia na Idade Média, os Territórios jaziam vazios, com os estrangeiros ciumentamente barrados, e mesmo a Inglaterra era cheia de cortiços e desemprego. Apenas meio milhão de pessoas, aquelas nas casas de campo, beneficiava-se de fato do sistema existente. Além do mais, a tendência dos pequenos negócios para se fundir em negócios grandes despojou cada vez mais a classe endinheirada de sua função, transformando-a em simples *dona*, enquanto o trabalho era feito em seu lugar por gerentes e técnicos assalariados. Por muito tempo, havia existido na Inglaterra uma classe totalmente sem função, vivendo da renda de um dinheiro investido mal sabiam eles onde, os "ricos ociosos", as pessoas cujas fotografias você consegue ver nas revistas *Tatler* e *Bystander*, sempre supondo que você vá querer. A existência dessas pessoas era por qualquer critério injustificável. Eram meros parasitas, menos úteis à sociedade do que moscas são para um cachorro.

---

[25] Robert Anthony Eden (1897-1977), primeiro conde de Avon, foi por três vezes secretário para assuntos estrangeiros e posteriormente primeiro-ministro do Reino Unido. (N.T.)
[26] Edward Frederick Lindley Wood (1881-1959), primeiro conde de Halifax, foi um dos arquitetos do acordo de apaziguamento com Hitler. (N.T.)
[27] Stanley Baldwin (1867-1947), primeiro conde Baldwin de Bewdley, foi por três vezes primeiro-ministro do Reino Unido. (N.T.)

Em 1920, havia muitas pessoas cientes disso. Em 1930, milhões estavam cientes. Mas a classe dominante inglesa obviamente não podia admitir para si mesma que sua utilidade tinha acabado. Se tivessem feito isso, teriam precisado abdicar. Pois para eles não seria possível transformar-se em meros bandidos como os milionários americanos, agarrando-se conscientemente a privilégios injustos e derrotando a oposição com base em suborno e bombas de gás lacrimogêneo. Afinal, eles pertenciam a uma classe de certa tradição, tinham frequentado escolas particulares nas quais o dever de morrer pelo seu país, se necessário, era definido como o primeiro e maior dos mandamentos. Eles precisavam se sentir verdadeiros patriotas, mesmo enquanto saqueavam os próprios conterrâneos. Claramente, só havia uma saída: a estupidez. Eles só poderiam manter a sociedade na forma vigente se fossem incapazes de compreender que qualquer evolução era possível. Apesar de difícil, eles conseguiram, e conseguiram, em grande medida, por fixar os olhos no passado e se recusar a perceber as mudanças que estavam ocorrendo à sua volta.

Isso explica muito da Inglaterra. Explica a decadência da vida no campo em função da manutenção de um falso feudalismo que expulsa da terra os trabalhadores mais entusiasmados. Explica a estagnação das escolas particulares, que mal sofreram qualquer tipo de alteração desde os anos 1880. Explica a incompetência militar que tantas e tantas vezes espantou o mundo. Desde os anos 1850, todas as guerras nas quais a Inglaterra se envolveu começaram com uma série de desastres após os quais a situação foi salva por pessoas comparativamente mais abaixo na escala social. O alto-comando, saído da aristocracia, nunca poderia ter se preparado para a guerra moderna porque, para fazer isso, precisaria antes admitir para si próprio que o mundo estava mudando. Eles sempre se agarraram a armas e métodos obsoletos, porque inevitavelmente viam cada guerra como uma repetição da anterior. Antes da Guerra dos Bôeres (1899-1902), eles se prepararam para a Guerra dos Zulus (1879); antes de 1914, prepararam-se para a Guerra dos Bôeres; antes da guerra atual, para a de 1914. Mesmo agora, centenas de milhares de homens na Inglaterra estão sendo treinados com baionetas, uma arma totalmente inútil a não ser para abrir as latas de comida. Vale a pena notar que a marinha e, mais recentemente, a força aérea sempre foram mais eficientes do que o exército. Mas a marinha está apenas parcialmente, e a força aérea não está, na órbita da classe dominante.

Deve-se admitir que, enquanto as coisas estavam pacíficas, os métodos da classe dominante britânica lhes serviram bastante bem. Seu próprio povo claramente os tolerava. Por mais que a Inglaterra fosse organizada de um modo injusto, não era dilacerada pela luta de classes nem assombrada pela polícia secreta. O Império era pacífico como nenhum território de tamanho comparável jamais tinha sido. Em toda a sua vasta extensão, quase um quarto do planeta, havia menos homens armados do que um pequeno Estado nos Bálcãs teria considerado necessário. Como pessoas a obedecer, e olhando para elas de um ponto de vista meramente liberal, negativo, a classe dirigente britânica tinha seus méritos. Eram preferíveis aos homens verdadeiros modernos, os nazistas e fascistas. Mas fazia tempo que era óbvio que eles seriam impotentes contra qualquer ataque sério vindo de fora.

Eles não podiam lutar contra o nazismo ou o fascismo porque não os compreendiam. Tampouco poderiam ter lutado contra o comunismo, se o comunismo tivesse sido uma força séria na Europa Ocidental. Para entender o fascismo, eles teriam precisado estudar a teoria do socialismo, o que os teria obrigado e perceber que o sistema econômico sob o qual viviam era injusto, ineficiente e ultrapassado. Mas foi precisamente esse fato que eles haviam treinado a si próprios para nunca encarar. Lidaram com o fascismo como a cavalaria de generais de 1914 lidou com as metralhadoras: ignorando-o. Após anos de agressões e massacres, eles entenderam um único fato, que Hitler e Mussolini eram hostis ao comunismo. Portanto, argumentou-se, eles deviam ser amigáveis em relação aos britânicos, que viviam de renda. Daí o espetáculo verdadeiramente assustador dos deputados conservadores celebrando loucamente a notícia de que navios britânicos levando comida para o governo republicano espanhol tinham sido bombardeados por aviões italianos. Na época da Guerra Civil Espanhola, qualquer um que tivesse tanto conhecimento político quanto se pode obter em um folheto socialista de seis pence sabia que, se Franco vencesse, o resultado seria estrategicamente desastroso para a Inglaterra, e, mesmo assim, generais e almirantes que tinham dedicado a vida ao estudo da guerra foram incapazes de apreender esse fato. Essa veia de ignorância política atravessa o centro da vida oficial inglesa, incluindo ministros do gabinete, embaixadores, cônsules, juízes, magistrados, policiais. O policial que prende "os vermelhos" não entende as teorias que "os vermelhos" estão pregando; se entendesse, sua posição como guarda-costas da classe endinheirada talvez lhe parecesse menos atraente. Há razão para se pensar que até mesmo a espionagem militar é irremediavelmente atrapalhada pelo desconhecimento das novas doutrinas econômicas e das ramificações dos partidos clandestinos.

A classe dirigente britânica não estava de todo errada ao pensar que o fascismo estava a seu lado. É um fato que qualquer homem rico, a menos que seja judeu, tem menos a temer do fascismo do que tanto do comunismo quanto do socialismo democrático. É preciso não esquecer isso, pois quase toda a propaganda alemã e italiana é pensada para ocultar esse fato. O instinto natural de homens como Simon[28], Hoare[29], Chamberlain, etc. era chegar a um acordo com Hitler. Porém, e aqui entra em cena a característica peculiar da vida inglesa que mencionei antes, a solidariedade nacional, eles só poderiam fazer isso se fracionassem o império e vendessem o próprio povo para a semiescravidão. Uma classe verdadeiramente corrupta teria feito isso sem hesitação, como na França. Mas as coisas não chegaram tão longe na Inglaterra. Políticos capazes de fazer discursos estridentes sobre "o dever de lealdade para com os nossos conquistadores" dificilmente são encontrados na vida pública inglesa. Estando já divididos entre suas rendas e seus princípios, era impossível que homens como Chamberlain fizessem alguma coisa diferente de piorar ambos os mundos.

---

[28] Sir Simon Allsebrook Simon (1873-1954) foi um político britânico que ocupou diversos cargos no governo entre o início da Primeira Guerra mundial e o fim da Segunda Guerra Mundial. (N.T.)

[29] Samuel John Gurney Hoare (1880-1959), primeiro-visconde de Templewood, foi um político conservador britânico que exerceu várias funções no governo entre 1922 e 1940. (N.T.)

Uma coisa que sempre demonstrou que a classe dominante inglesa é razoavelmente honrada, *moralmente* falando, é que em tempos de guerra ela está pronta a ser morta. Diversos duques, condes e assemelhados foram mortos na recente campanha em Flandres. Isso não poderia acontecer se essas pessoas fossem os patifes cínicos que algumas vezes se afirma que são. É importante não se enganar quanto às suas motivações, ou não será possível prever suas ações. O que há de se esperar deles não é traição ou covardia física, e sim burrice, sabotagem inconsciente, um instinto infalível para fazer a coisa errada. Eles não são maus, ou não são de todo maus; são apenas incapazes de aprender. Só quando seu dinheiro e poder acabarem é que os mais jovens entre eles vão começar a entender em que século estão vivendo.

5

A estagnação do império no período entreguerras atingiu todos na Inglaterra, mas teve um efeito especialmente direto sobre duas importantes subseções da classe média. Uma foi a classe média militar e imperialista, geralmente referida por Blimps, e a outra foi a *intelligentsia* de esquerda. Esses dois tipos aparentemente hostis, opostos simbólicos – o coronel aposentado com meio soldo, com seu pescoço de touro e cérebro diminuto, como um dinossauro, e o intelectual de testa redonda projetada e pescoço duro de arrogância –, são mentalmente próximos e interagem o tempo todo um com o outro; em grande medida, são também nascidos nas mesmas famílias.

Trinta anos atrás, a classe dos Blimps já vinha perdendo vitalidade. As famílias de classe média celebradas por Kipling[30], as prolíficas famílias incultas cujos filhos eram oficiais no exército e na marinha e invadiam todos os lugares despovoados da Terra desde Yukon até Irrawaddy,

---

[30] Joseph Rudyard Kipling (1865-1936) foi um escritor britânico. (N.T.)

estavam em declínio antes de 1914. O que os matou foi o telégrafo. Em um mundo cada vez mais estreito e cada vez mais governado a partir do centro administrativo de Whitehall, havia a cada ano menos espaço para a iniciativa individual. Homens como Clive, Nelson, Nicholson, Gordon[31] não teriam espaço no Império Britânico moderno. Em 1920, quase cada centímetro do império colonial estava sob o controle de Whitehall. Homens bem-intencionados e supercivilizados, de terno escuro e chapéu preto de feltro, com guarda-chuva caprichosamente enrolado apoiado no antebraço esquerdo, estavam impondo sua visão obstruída da vida sobre a Malásia e a Nigéria, Mombaça [Quênia] e Mandalay [Mianmar]. Os antigos construtores do império foram reduzidos à condução de escriturários, enterrados cada vez mais profundamente sob pilhas de papelada e burocracia. No início dos anos 1920 era possível ver, por todo o império, os oficiais mais velhos, que haviam conhecido dias mais confortáveis, contorcendo-se de impotência ante as mudanças que estavam ocorrendo. Daquele momento em diante, tornou-se praticamente impossível convencer rapazes entusiasmados a ter qualquer participação na administração imperial. E o que valia para o universo militar valia também para o comercial. Os grandes monopólios engoliram hostes de pequenos comerciantes. Em vez de sair para negociar aventureiramente nas Índias, ia-se ocupar uma cadeira em Mumbai ou Singapura. E a vida em Mumbai ou em Singapura era até mais monótona e segura do que em Londres. O sentimento imperialista permaneceu forte na classe média graças, principalmente, à tradição familiar, mas o trabalho de administrar o império perdeu atratividade. Poucos homens capazes iam mais a leste do que Suez, se houvesse qualquer forma de evitar.

Mas o enfraquecimento do imperialismo, e em certa medida de todo o moral britânico, que aconteceu durante os anos 1930 foi parcialmente

---

[31] Robert Clive (1725-1774), militar britânico, trabalhou na Companhia das Índias Orientais. Horatio Nelson (1758-1805) foi vice-almirante da marinha real. John Nicholson (1822-1857) atuou na Índia Britânica. Charles George Gordon (1833-1885), oficial do exército britânico, participou, entre outras, da Guerra da Crimeia (1853-1856). (N.T.)

o trabalho da *intelligentsia* de esquerda, em si mesma um tumor nascido da estagnação do império.

Deve-se registrar que não existe atualmente uma *intelligentsia* que não seja, em algum sentido, de "esquerda". O último intelectual de direita foi, talvez, T. E. Lawrence[32]. Desde mais ou menos 1930, todo mundo passível de ser descrito como "intelectual" viveu em um estado de descontentamento crônico com a ordem vigente. E seria assim inevitavelmente, porque a sociedade, tal como era constituída, não tinha lugar para ele. Em um império meramente estagnado, nem se desenvolvendo nem ruindo, e em uma Inglaterra comandada por pessoas cuja principal qualidade era a estupidez, ser "esperto" era ser suspeito. Se você tivesse o tipo de cabeça apta a entender os poemas de T. S. Eliot ou as teorias de Karl Marx, os mandachuvas cuidariam para que você fosse mantido longe de qualquer trabalho importante. Os intelectuais conseguiram encontrar uma função para si apenas das resenhas literárias e nos partidos políticos de esquerda.

A mentalidade da *intelligentsia* inglesa de esquerda pode ser estudada em meia dúzia de publicações semanais e mensais. A primeira coisa que chama atenção nessas publicações é a atitude geralmente negativa, lamurienta, a completa ausência, todo o tempo, de qualquer tipo de sugestão construtiva. Existe pouca coisa nessas publicações, além da reclamação irresponsável de pessoas que nunca estiveram e nunca esperam estar em uma posição de poder. Outra característica marcante é a superficialidade emocional de pessoas que vivem em um mundo de ideias e têm pouco contato com a realidade física. Muitos intelectuais de esquerda foram pacifistas frouxos até 1935, guincharam contra a Alemanha entre 1935-1939, e depois esfriaram os ânimos prontamente, quando a guerra começou. É uma verdade disseminada, embora não exata, que as pessoas mais "antifascistas" durante a Guerra Civil Espanhola são agora as mais derrotistas. E embutido nisso está o fato realmente importante sobre tantos na *intelligentsia* inglesa: seu rompimento com a cultura comum do país.

---

[32] Thomas Edward Lawrence (1888-1935), mais conhecido como Lawrence da Arábia, foi um arqueólogo, militar, agente secreto, diplomata e escritor britânico. (N.T.)

Ao menos na intenção, a *intelligentsia* inglesa é europeizada. Eles extraem sua culinária de Paris e sua opinião de Moscou. No patriotismo geral do país, eles formam uma espécie de ilha do pensamento dissidente. A Inglaterra é talvez a única grande nação cujos intelectuais têm vergonha da própria nacionalidade. Em círculos de esquerda, paira sempre a sensação de haver algo ligeiramente embaraçoso em ser inglês, e que é uma obrigação escarnecer de todas as instituições inglesas, das corridas de cavalo aos pudins de rim de carneiro. É um fato estranho, mas inquestionavelmente verdadeiro, que quase todo intelectual inglês sentiria mais vergonha por ficar em posição de sentido para ouvir "Deus salve a rainha" do que por roubar de uma caixa de esmolas. Durante os anos críticos, muitos esquerdistas estavam podando o moral inglês, tentando disseminar um ponto de vista que era algumas vezes frouxamente pacifista, algumas vezes violentamente pró-Rússia, mas sempre antibritânico. É questionável quanto efeito isso produziu, mas certamente produziu algum. Se o povo inglês sofreu durante vários anos um declínio do estado de espírito, a ponto de as nações fascistas julgarem que ele estava "decadente" e que era seguro entrar em guerra, a sabotagem intelectual da esquerda foi em parte responsável. Tanto a revista *New Statesman* quanto o jornal *News Chronicle* protestaram contra o acordo de Munique, mas mesmo eles fizeram alguma coisa para torná-lo possível. Dez anos sistematicamente ludibriando os Blimps afetaram até os próprios Blimps e tornaram ainda mais difícil do que antes conseguir que jovens inteligentes entrassem para as forças armadas. Dada a estagnação do império, a classe média militar teria decaído de qualquer forma, mas a disseminação de um esquerdismo raso acelerou o processo.

Está claro que a posição especial dos intelectuais ingleses nos últimos dez anos, como criaturas puramente *negativas*, meramente anti-Blimps, foi um subproduto da estupidez da classe dominante. A sociedade não tinha como aproveitá-los, e eles não tinham em si a capacidade de ver que a devoção ao próprio país implica "para o bem e para o mal". Tanto os Blimps quanto os intelectuais assumiram como verdade, como se fosse uma lei da natureza, o divórcio entre o patriotismo e a inteligência. Se você fosse patriota, leria a *Blackwood's Magazine* e agradeceria publicamente a Deus por não ser "cerebral". Se você fosse um intelectual, desprezaria a bandeira e interpretaria a coragem física como selvageria. É óbvio que essa convenção irracional não pode continuar. O intelectual de Bloomsbury, com sua zombaria mecânica, está tão ultrapassado quanto o coronel de cavalaria. Uma nação moderna não pode se dar ao luxo de ter nenhum deles. O patriotismo e a inteligência vão precisar se aproximar de novo. É o fato de estarmos em uma guerra, e em uma guerra de um tipo muito particular, que pode tornar essa união possível.

6

Um dos desenvolvimentos mais importantes na Inglaterra nos últimos vinte anos é a ampliação da classe média para cima e para baixo. Aconteceu em tal escala que tornou a antiga classificação da sociedade em capitalistas, proletários e *petit bourgeois* (pequena burguesia) quase obsoleta.

A Inglaterra é um país em que a propriedade e o poder financeiro estão concentrados em bem poucas mãos. Pouca gente na Inglaterra moderna possui alguma coisa, exceto roupas, móveis e, talvez, uma casa. A classe camponesa desapareceu há muito, os varejistas independentes estão sendo destruídos, os pequenos negócios estão diminuindo em quantidade. Mas, ao mesmo tempo, a indústria moderna é tão complicada que não consegue ir adiante sem um grande número de gerentes, vendedores, engenheiros, químicos e técnicos de todos os tipos, que obtêm salários razoavelmente polpudos. E isso, por sua vez, traz à existência uma classe profissional de médicos, advogados, professores, artistas, etc., etc. A tendência do capitalismo avançado, portanto, tem sido ampliar a classe média e não acabar com ela, como antes pareceu provável que faria.

Mas bem mais importante do que isso é a disseminação das ideias e dos hábitos da classe média entre a classe trabalhadora. Em quase todos os aspectos, a classe trabalhadora britânica está melhor agora do que trinta anos atrás. Isso se deve em parte aos esforços dos sindicatos, mas em parte ao mero avanço da ciência física. Nem sempre se percebe que, dentro de certos limites estreitos, o padrão de vida de um país pode subir sem que haja um aumento correspondente nos salários. Até determinado ponto, uma civilização pode elevar-se por seus próprios meios. Por mais que a sociedade seja injustamente organizada, alguns avanços técnicos são fadados a beneficiar a comunidade inteira, porque certos tipos de bens são necessariamente possuídos em conjunto. Um milionário não pode, por exemplo, iluminar a rua para si próprio ao mesmo tempo que a escurece para as outras pessoas. Quase todos os cidadãos de países civilizados desfrutam agora de boas estradas, água livre de germes, proteção policial, bibliotecas gratuitas e provavelmente algum tipo de educação pública. A educação privada na Inglaterra vem sofrendo uma escassez cruel de dinheiro, mas ainda assim melhorou, em grande medida graças aos dedicados esforços dos professores, e o hábito da leitura se tornou imensamente mais difundido. Cada vez mais, os ricos e os pobres leem os mesmos livros, assistem aos mesmos filmes e ouvem os mesmos programas de rádio. E as diferenças em seu modo de vida foram reduzidas pela produção em massa de roupas baratas e melhorias na habitação. Pelo menos quanto à aparência, as roupas dos ricos e dos pobres, em especial no caso das mulheres, diferem muito menos do que há trinta ou quinze anos. Quanto à habitação, a Inglaterra ainda tem cortiços que são uma nódoa na civilização, mas muita construção foi erguida nos últimos dez anos, a maioria pelas autoridades locais. A *council house*[33] moderna, com banheiro e luz elétrica, é menor do que a casa de campo do corretor de valores, mas ainda é reconhecidamente o mesmo tipo de casa, algo que a cabana do agricultor não é. É mais provável que uma pessoa criada em uma casa social do governo desenvolva uma visão de mundo de classe média – como de fato desenvolve, perceptivelmente – do que uma criada em um cortiço.

---

[33] Designação dada às casas pertencentes ao poder público local e alugadas à população por um valor baixo. (N.T.)

O efeito de tudo isso é um abrandamento generalizado dos modos. Isso é intensificado pelo fato de que os métodos industriais modernos tendem a demandar menos esforço muscular e, portanto, a deixar as pessoas com mais energia no fim do dia de trabalho. Muitos trabalhadores das indústrias de bens de consumo são na verdade menos trabalhadores braçais do que um médico ou um quitandeiro. Em seus gostos, hábitos, modos e pontos de vista, as classes trabalhadora e média estão se aproximando. As distinções injustas permanecem, mas as diferenças reais diminuem. O "proletário" à moda antiga – de uniforme sem colarinho, barba por fazer e músculos torneados pelo trabalho pesado – ainda existe, mas está constantemente decrescendo em quantidade; ele só predomina nas áreas de indústria pesada do norte da Inglaterra.

Depois de 1918, começou a aparecer uma coisa que nunca tinha existido na Inglaterra: pessoas de classe social indeterminada. Em 1910, todo ser humano nessas ilhas poderia ser "encaixado" em um instante através de suas roupas, seus modos e seu sotaque. Não é mais o caso. Acima de tudo, não é o caso nas grandes cidades que se desenvolveram como resultado dos carros motorizados baratos e da mudança da indústria para o sul. As sementes da futura Inglaterra devem ser procuradas nas áreas onde estão as indústrias de bens de consumo e ao longo das principais rodovias. Em Slough, Dagenham, Barnet, Letchworth, Hayes – por todo lado, nos subúrbios das grades cidades –, o velho padrão está aos poucos se transformando em algo novo. Nessas vastas novas selvas de vidro e tijolo, as distinções acentuadas do tipo mais antigo de cidade, com seus cortiços e mansões, ou do campo, com seus solares e cabanas esquálidas, não existem mais. Existem ainda amplas variações de renda, mas é o mesmo tipo de vida sendo vivido em diferentes níveis, em apartamentos de baixa manutenção ou em casas sociais ao longo das estradas de concreto e na democracia nua das piscinas. É uma vida sem descanso e sem cultura, concentrada ao redor de comida em lata, da revista *Picture Post* e do motor de combustão interna. É uma civilização na qual as crianças crescem com um conhecimento íntimo de magnetos e em completo desconhecimento da *Bíblia*. A essa civilização pertencem as pessoas que se sentem mais em casa no mundo moderno e que mais definitivamente *são dele*: os técnicos e trabalhadores especializados com altos salários, os pilotos e seus mecânicos, os peritos em rádio, produtores de filmes, jornalistas populares e químicos industriais. Eles formam o estrato indeterminado diante do qual as velhas distinções de classe estão começando a se desfazer.

Esta guerra, a menos que sejamos derrotados, vai acabar com a maior parte dos atuais privilégios de classe. A cada dia, há menos pessoas que desejam mantê-los. Tampouco precisamos recear que, com a mudança de padrão, a vida na Inglaterra vá perder seu sabor singular. As novas cidades vermelhas[34] da Grande Londres são certamente cruas, mas essas coisas são apenas os percalços que acompanham a mudança. Qualquer que seja a forma que a Inglaterra terá ao emergir da guerra, será profundamente marcada pelas características que mencionei antes. Os intelectuais que esperam vê-la "russianizada" ou germanizada ficarão desapontados. A gentileza, a hipocrisia, a irreflexão, a reverência pela lei e o ódio às fardas vão permanecer, junto com os pudins de rim de carneiro e o céu enevoado. É preciso algum grande desastre, como uma prolongada subjugação por um inimigo externo, para destruir uma cultura nacional. A Bolsa de Valores será derrubada, o arado a cavalo cederá lugar ao trator, as casas de campo serão transformadas em acampamentos de férias para crianças, as disputas de críquete entre Eton e Harrow serão esquecidas, mas a Inglaterra ainda será a Inglaterra, um animal eterno se alongando para o futuro e para o passado e, como toda criatura viva, tendo o poder de se transformar para além de qualquer reconhecimento e, ainda assim, permanecer o mesmo.

---

[34] Presumivelmente, referência às cidades surgidas após 1919. (N.T.)

O ABATE DE UM ELEFANTE

Em Moulmein, na Baixa Birmânia, fui odiado por grande quantidade de gente – a única vez na vida que fui importante o suficiente para que isso acontecesse comigo. Eu era oficial da polícia subdivisional da cidade e o sentimento antieuropeu indistinto e um tanto mesquinho era muito pronunciado. Ninguém tinha coragem de começar uma rebelião, mas, se uma mulher europeia fosse sozinha ao bazar, alguém provavelmente cuspiria suco de bétel em seu vestido. Como oficial de polícia, eu era um alvo óbvio e era prejudicado sempre que parecia seguro. Quando um birmanês ágil me passava uma rasteira no campo de futebol e o árbitro (também birmanês) olhava para o outro lado, a multidão dava risadas horríveis. Isso aconteceu mais de uma vez. Por fim, os rostos amarelos que em todos os lugares me olhavam com desdém e as vaias gritadas às minhas costas quando eu estava a uma distância segura acabaram abalando meus nervos. Os jovens sacerdotes budistas eram os piores de todos. Havia vários milhares deles na cidade e nenhum parecia ter nada a fazer exceto postar-se nas esquinas e ridicularizar os europeus.

Tudo isso era desconcertante e irritante. Pois àquela altura eu já havia concluído que o imperialismo era uma coisa ruim e que, quanto mais cedo eu pedisse as contas e saísse dali, melhor. Em teoria – e em segredo, é claro – eu era totalmente pró-birmaneses e totalmente contra seus opressores, os britânicos. Quanto ao trabalho que estava realizando, eu o odiava mais do que consigo expressar. Em um serviço como aquele, vê-se de perto o trabalho sujo do império. Os desgraçados dos prisioneiros amontoados nas jaulas fétidas das cadeias, os rostos cinzentos e acovardados dos condenados a sentenças longas, os traseiros cobertos de cicatrizes dos açoitados com bambu – tudo isso me oprimia com um intolerável sentimento de culpa. E eu não conseguia extrair sentido das coisas. Eu era jovem e ignorante e precisei refletir sobre os meus problemas no silêncio absoluto que é imposto a todo homem inglês no Oriente. Eu não sabia que o Império Britânico está morrendo, e menos ainda sabia que ele é muito melhor do que os impérios mais novos que o substituirão. Só o que eu sabia era que estava empacado entre meu ódio pelo império ao qual eu servia e minha raiva contra as pequenas bestas do mal que tentavam tornar meu trabalho impossível. Com uma parte da cabeça, eu pensava no *raj*[35] britânico como uma tirania indestrutível, como algo imposto, *saecula saeculorum*, ao arbítrio de povos prostrados; com a outra parte, eu pensava que a maior alegria do mundo seria enfiar uma baioneta na garganta de um sacerdote budista. Sentimentos como esses são subprodutos comuns do imperialismo; pergunte a qualquer oficial anglo-indiano, se você o encontrar de folga.

Um dia, aconteceu uma coisa que, de forma indireta, foi esclarecedora. Foi em si um incidente pequeno, mas me deu uma visão melhor do que eu tinha antes sobre a verdadeira natureza do imperialismo – os motivos reais pelos quais governos despóticos agem. Bem cedo certa manhã, o subinspetor de uma delegacia de polícia na outra ponta da cidade me telefonou e disse que um elefante estava destruindo o bazar. Eu poderia por favor ir até lá e fazer algo a respeito? Eu não sabia o que poderia fazer, mas queria ver o que estava acontecendo, então montei em um pônei e parti.

---

[35] Domínio da Coroa Britânica no subcontinente indiano (1858-1947). (N.T.)

Peguei meu rifle, um velho Winchester.44 pequeno demais para matar um elefante, mas pensei que o barulho poderia ser útil *in terrorem*. Vários birmaneses me pararam no caminho e me contaram sobre as atividades do elefante. Não era, claro, um elefante selvagem, e sim um domesticado, que tinha tido um surto de testosterona. Ele havia sido acorrentado, como elefantes domesticados sempre são quando seus ataques hormonais estão próximos, mas na noite anterior tinha quebrado a corrente e escapado. Seu *mahout*, a única pessoa que conseguia controlá-lo quando estava nesse estado, havia saído em seu encalço, porém tomado a direção errada, e estava agora a doze horas de distância, e pela manhã o elefante tinha subitamente reaparecido na cidade. A população birmanesa não possuía armas e se via bastante vulnerável ao animal. Ele já havia destruído a cabana de bambu de alguém, matado uma vaca, invadido umas barracas de frutas e devorado todo o estoque; tinha também encontrado a van municipal de coleta de lixo e, quando o motorista saltou e fugiu, virou-a de ponta-cabeça e lhe infligiu violências.

O subinspetor birmanês e alguns guardas indianos estavam à minha espera no bairro onde o elefante fora visto. Era um bairro muito pobre, um labirinto de frágeis cabanas de bambu, com telhados de folha de palmeira, serpenteando ao longo da encosta íngreme de uma colina. Eu me lembro que era uma manhã nublada e abafada no início das monções. Começamos a questionar as pessoas sobre o caminho que o elefante tinha tomado e, como sempre, fracassamos em obter qualquer informação definitiva. Esse é invariavelmente o caso, no Oriente; uma história sempre soa clara a distância, porém quanto mais perto se chega da cena, mais vaga ela se torna. Algumas das pessoas disseram que ele tinha ido em uma direção, outras que tinha tomado em outra, algumas afirmaram nem ter ouvido falar de elefante nenhum. Eu estava quase convencido de que a história toda não passava de uma grande lorota, quando ouvimos gritos a pouca distância. Houve um berro alto e horrorizado de "Vá embora, criança! Saia daqui agora mesmo!", e uma mulher velha com uma vara na mão surgiu, rodeando o casebre e expulsando violentamente um bando de crianças nuas. Outras mulheres apareceram em seguida, estalando a língua e gritando; evidentemente, havia ali algo que as crianças não deveriam ter visto. Eu contornei o casebre e vi o cadáver de um homem espalhado na lama. Era um indiano, um culi dravidiano[36] negro, quase nu, e ao que parecia ele tinha morrido fazia poucos minutos. As pessoas disseram que o elefante tinha se aproximado do homem de repente, depois de dar a volta no casebre, agarrado-o com a tromba, posto a pata em suas costas e o afundado na terra. Era a estação das chuvas e o solo estava fofo; o rosto dele tinha escavado uma trincheira de trinta centímetros de profundidade e alguns metros de comprimento. Ele estava de bruços com os braços abertos e a cabeça inclinada em ângulo agudo para um lado. O rosto estava coberto de lama; os olhos, esbugalhados; os dentes, à mostra, em um esgar que expressava uma agonia insuportável. (A propósito, nunca me diga que os mortos parecem em paz. A maioria dos corpos que eu vi tinha uma aparência diabólica.) A fricção da pata da fera tinha arrancado a pele de suas costas com a precisão com que se esfola um coelho. Assim que vi o morto, despachei um ordenança à casa de um amigo ali perto para tomar emprestado um rifle de elefante. Eu já enviara de volta o pônei, não querendo que ele enlouquecesse de medo e me jogasse longe caso farejasse o elefante. O ordenança voltou em alguns minutos com um rifle e cinco cartuchos, e nesse intervalo alguns birmaneses que tinham chegado nos contaram que o elefante estava na plantação de arroz abaixo, a poucas centenas de metros dali. Quando comecei a avançar, praticamente toda a população do bairro saiu de suas casas e me seguiu. Eles tinham visto o rifle e gritavam, muito agitados, que eu ia atirar no elefante. Não haviam demonstrado muito interesse pelo animal enquanto ele estava meramente destruindo suas casas, mas era diferente agora que ele estava prestes a levar um tiro. Era uma pequena diversão para as pessoas, como teria sido para uma multidão de ingleses; além do mais, elas queriam a carne. Aquilo me deixou

---

[36] Culi: originalmente, "trabalhador"; historicamente, termo depreciativo para indicar trabalhador braçal, peão. Dravidiano: grupo étnico e família linguística do sul do subcontinente indiano. (N.T.)

ligeiramente inquieto. Eu não tinha intenção de atirar no elefante e mandara buscar o rifle apenas para me defender caso fosse necessário, e é sempre enervante ter uma multidão seguindo você. Marchei colina abaixo parecendo um bobo e me sentindo um, com o rifle no ombro e um exército crescente se acotovelando nos meus calcanhares. Na base da colina, quando se afastava dos casebres, você chegava a uma rua de cascalho e, depois dela, a uma vastidão enlameada de campos de arroz, com novecentos metros de largura, ainda não semeada, mas empapada das primeiras chuvas e pontilhada de mato. O elefante estava parado a pouco mais de sete metros da rua, o flanco esquerdo virado para nós. Ele não deu o menor sinal de ter percebido a aproximação da multidão. Estava arrancando tufos de capim, batendo-os contra as pernas para tirar a terra e enfiando na boca. Eu tinha estancado na rua. Assim que vi o elefante, soube com completa certeza que não deveria atirar nele. É uma questão muito séria atirar em um elefante de trabalho – é comparável a destruir uma máquina grande e cara – e obviamente não se deve fazer isso se for possível evitar. Àquela distância, alimentando-se calmamente, o elefante não parecia mais perigoso do que uma vaca. Eu pensei então, e penso agora, que o pico de testosterona já tinha passado; nesse caso, ele iria apenas perambular inofensivamente até que o *mahout* voltasse e o recolhesse. Além do mais, eu não tinha a menor vontade de atirar nele. Decidi então que o observaria por um período para me certificar de que ele não se tornaria agressivo de novo, e depois voltaria para casa.

Mas naquele momento olhei em volta para a multidão que havia me seguido. Era uma multidão imensa, no mínimo duas mil pessoas, e crescendo a cada minuto. Bloqueava os dois lados da rua por um trecho enorme. Olhei para o mar de rostos amarelos acima das roupas espalhafatosas, rostos alegres e excitados com aquele bocado de diversão, todos certos de que o elefante levaria um tiro. Eles me observavam como observariam um prestidigitador prestes a executar um truque. Eles não gostavam de mim, mas com o rifle mágico em mãos eu era momentaneamente digno de ser observado. E subitamente percebi que precisaria atirar no elefante, afinal.

As pessoas esperavam isso de mim e eu teria que fazer aquilo; eu conseguia sentir duas mil vontades me pressionando em frente, irresistivelmente. E foi nesse momento, enquanto eu estava de pé segurando o rifle, que eu pela primeira vez compreendi a superficialidade, a futilidade do domínio do homem branco no Oriente. Lá estava eu, o homem branco com sua arma, de pé diante de uma população nativa desarmada – aparentemente, o ator principal da peça, mas, na realidade, apenas uma marionete absurda, manipulada de um lado a outro segundo a vontade daqueles rostos amarelos atrás de mim. Percebi naquele momento que, quando o homem branco se torna um tirano, é a própria liberdade que ele destrói. Ele se transforma em uma espécie de manequim oco e de poses estudadas, a figura consagrada de um *sahib*. Pois é um requisito de sua dominância que ele passe a vida tentando impressionar os "nativos", e assim, a cada crise, ele precisa fazer o que os "nativos" esperam dele. Ele usa uma máscara e seu rosto se ajusta a ela. Eu tinha que atirar no elefante. Eu havia me comprometido a isso quando mandei buscar o rifle. Um *sahib* precisa agir como um *sahib*; ele precisa mostrar que é resoluto, que conhece a própria mente e faz coisas definitivas. Chegar até aquele ponto, de rifle em punho, com duas mil pessoas marchando nos meus calcanhares, e depois me arrastar debilmente de volta sem ter feito nada – não, isso era impossível. A multidão zombaria de mim. E toda a minha vida, a vida de todo homem branco no Oriente, era uma longa batalha para não ser zombado.

Mas eu não queria atirar no elefante. Eu o observei bater o maço de grama contra os joelhos, com aquele ar cioso de avós que os elefantes têm. Parecia-me que atirar nele seria assassinato. Naquela época eu não tinha tantas restrições à matança de animais, mas nunca havia atirado em um elefante nem querido fazê-lo. (De alguma forma, sempre parece pior matar um animal *grande*.) Além disso, havia o dono do animal a ser levado em conta. Vivo, o elefante valia ao menos cem libras; morto, teria apenas o valor de suas presas, cinco libras, talvez. Mas eu precisava agir rápido. Eu me virei para alguns birmaneses de aparência experiente que já estavam lá quando cheguei e perguntei como o elefante vinha se comportando. Todos disseram a mesma coisa: ele nem repararia em você, se você o deixasse em paz, mas poderia atacar, caso você se aproximasse demais.

    Estava perfeitamente claro para mim o que eu deveria fazer. Deveria me aproximar do elefante por, digamos, uns vinte metros, e assim testar sua reação. Se ele atacasse, eu poderia atirar; se ele não me desse atenção, seria seguro deixá-lo até que o *mahout* voltasse. Mas eu sabia também que não ia fazer nada disso. Eu atirava mal com rifle, e o solo era um lamaçal fofo, no qual um homem afundaria a cada passo. Se o elefante atacasse e eu errasse o tiro, teria tanta chance quanto um sapo sob um rolo compressor. Mas mesmo na ocasião eu não estava pensando especialmente em mim, e sim nos rostos amarelos que me observavam de trás. Pois naquele momento, com a multidão me observando, eu não estava com medo no sentido comum, como estaria se estivesse sozinho. Um homem branco não deve ter medo na frente de "nativos"; assim, de forma geral, ele não tem medo. O único pensamento que eu tinha era que, se algo corresse mal, aqueles dois mil birmaneses me veriam ser perseguido, capturado, esmagado e reduzido a um cadáver com um esgar como aquele indiano no alto da colina. E se isso acontecesse era bastante provável que alguns deles dariam risada. Não, não poderia ser. Só havia uma opção. Eu enfiei os cartuchos na câmara de repetição do rifle e desci a rua para conseguir um ângulo melhor.

    A multidão ficou muito quieta e de inumeráveis gargantas saiu um suspiro profundo, baixo e feliz, como o da plateia que vê as cortinas subir afinal. Eles teriam, enfim, seu bocado de diversão. O rifle era uma bela peça alemã, com mira em cruz. Eu não sabia na ocasião que, ao atirar em um elefante, é preciso cortar uma barra imaginária que fosse de orelha a orelha. Portanto, como o elefante estava de perfil, eu deveria ter mirado diretamente em seu ouvido; mas o que eu fiz foi mirar vários centímetros adiante, imaginando que o cérebro estaria um pouco além.

    Quando puxei o gatilho, não ouvi o estrondo nem senti o coice – nunca se sente, quando o tiro acerta o alvo –, mas ouvi o rugido de alegria diabólica que subiu da multidão. Naquele instante, em um intervalo até curto demais, seria possível pensar, para que o projétil chegasse lá, uma mudança misteriosa, horrível, ocorreu no elefante. Ele não se moveu nem caiu, mas cada linha de seu corpo se alterou. Ele pareceu subitamente atingido, encolhido, imensamente velho, como se o impacto terrível do projétil o tivesse paralisado sem o derrubar. Por fim, depois do que pareceu muito tempo – podem ter sido cinco segundos, eu me arriscaria a dizer –, ele flacidamente arqueou os joelhos. Sua boca babou. Uma enorme senilidade pareceu cair sobre ele. Seria possível imaginar que tivesse milhares de anos. Eu atirei de novo no mesmo lugar. A este segundo disparo ele não desabou, mas, sim, endireitou-se com uma lentidão desesperadora sobre as patas e fracamente se manteve ereto, com as pernas flácidas e a cabeça pendendo. Disparei pela terceira vez. Foi o tiro de misericórdia para ele. Dava para ver a agonia dominando seu corpo e arrancando de suas pernas o último vestígio de força. Mas ao cair ele pareceu por um momento se levantar, pois, quando suas pernas traseiras vergaram debaixo dele, ele pareceu se avolumar como uma enorme rocha desmoronando, o corpo se alçando aos céus, como uma árvore. Ele soltou um barrido pela primeira e última vez. Então tombou, com a barriga virada para mim, com um estrondo que pareceu sacudir a terra até mesmo no ponto onde eu estava.

Eu me pus de pé. Os birmaneses já passavam por mim, correndo na lama. Era óbvio que o elefante jamais se levantaria de novo, mas não estava morto. Ele estava respirando ritmadamente em longos arquejos ruidosos, a grande elevação de uma de suas laterais dolorosamente subindo e descendo. A boca estava escancarada – eu conseguia ver o interior profundo da caverna rosada que era sua garganta. Esperei muito tempo até que ele morresse, mas aquela respiração não perdeu força. Por fim, disparei os últimos dois tiros no lugar onde supus que ficasse o coração. O sangue espesso jorrou para fora como veludo vermelho, mas ele ainda não morrera. O corpo nem mesmo estremeceu quando os tiros o acertaram, e a respiração torturada prosseguiu sem pausa. Ele estava morrendo, muito lentamente e em grande agonia, mas em algum mundo remoto, distante de mim, onde nem mesmo um projétil poderia feri-lo ainda mais. Senti que precisava pôr um fim àquele barulho terrível. Era aterrador ver a grande besta deitada ali, incapaz de se mover e incapaz de morrer, e não ser capaz nem mesmo de acabar com ela. Mandei buscar meu rifle pequeno e descarreguei um tiro após o outro em seu coração e em sua garganta. Não pareceram fazer efeito. Os arquejos torturados continuaram regulares como o tiquetaque de um relógio.

No final, eu não aguentei mais e fui embora. Mais tarde, ouvi que levou meia hora até que ele morresse. Os birmaneses estavam levando *dahs* e cestos mesmo antes que eu partisse, e me contaram que estriparam o corpanzil quase até os ossos naquela mesma tarde.

Mais tarde, é claro, houve discussões intermináveis sobre o abate do elefante. O proprietário estava furioso, mas ele era só um indiano e nada pôde fazer. Além disso, legalmente eu tinha feito a coisa certa, pois um elefante enlouquecido precisa ser morto, tal como um cachorro louco, se o dono falha em mantê-lo sob controle. Entre os europeus, as opiniões se dividiram. Os homens mais velhos disseram que eu estava certo, os mais jovens disseram que era uma maldita vergonha matar um elefante por ele ter matado um culi, porque um elefante valia muito mais do que qualquer maldito culi. E depois eu fiquei muito aliviado pelo culi ter sido morto; isso me punha juridicamente do lado certo e fornecia pretexto suficiente para ter atirado no elefante. Eu com frequência me perguntei se alguém entre os outros percebeu que eu tinha feito aquilo apenas para evitar parecer um bobo.

1936

LEAR, TOLSTÓI E O BOBO

Os panfletos de Tolstói são a parte menos conhecida de seu trabalho, e o ataque a Shakespeare[37] não é um documento fácil de se obter, ao menos em tradução para o inglês. Talvez seja útil, portanto, oferecer um resumo do panfleto antes de tentar discutir sobre ele.

Tolstói começa dizendo que, ao longo de toda a sua vida, Shakespeare lhe causou "uma repulsa e um tédio irresistíveis". Ciente de que a opinião do mundo civilizado está contra ele, Tolstói fez uma tentativa após a outra, lendo e relendo os trabalhos de Shakespeare em russo, inglês e alemão; mas "eu passava invariavelmente pelas mesmas sensações; repulsa, fastio e incredulidade". Agora, aos setenta e cinco anos, ele mais uma vez releu a obra completa de Shakespeare, incluindo as peças históricas, e:

> Eu tive, com ainda mais força, os mesmos sentimentos – desta vez, porém, não de espanto, mas de uma convicção firme e indubitável de que a inquestionável glória de grande gênio da qual Shakespeare

---

[37] *Shakespeare and the drama* [*Shakespeare e a arte dramática*], escrito por volta de 1903 como introdução a outro panfleto, *Shakespeare and the working classes* [*Shakespeare e as classes trabalhadoras*], de Ernest Crosby. (N.A.)

desfruta, e que compele os escritores da nossa época a imitá-lo e leitores e espectadores a descobrir nele méritos não existentes – com isso distorcendo sua compreensão estética e ética – é um grande mal, pois é uma total inverdade.

Shakespeare, Tolstói continua, não apenas não é um gênio, mas não é nem mesmo "um autor mediano", e para demonstrar esse fato ele vai analisar a peça *Rei Lear*, que, conforme mostra com citações de Hazlitt, Brandes e outros, foi elogiada com exagero e pode ser tomada como exemplo do melhor de Shakespeare.

Tolstói faz a seguir uma espécie de apresentação do enredo de *Rei Lear*, em cada etapa julgando-a estúpida, verborrágica, antinatural, incompreensível, bombástica, vulgar, tediosa e repleta de episódios inverossímeis, "loucos desvarios", "piadas sem graça", anacronismos, irrelevâncias, obscenidades, convenções dramatúrgicas ultrapassadas e outras faltas tanto morais quanto estéticas. *Lear* é, de qualquer forma, plágio de uma peça mais antiga e muito melhor, *Rei Leir*, de autoria desconhecida, que Shakespeare roubou e arruinou. Vale a pena citar um parágrafo típico para ilustrar o modo como Tolstói trabalha. Ato III, cena 2 (na qual Lear, Kent e o Bobo estão juntos na tempestade) é assim resumida:

> *Lear caminha pelo pântano e diz palavras que visam a expressar seu desespero: ele deseja que os ventos soprem com tanta força que eles (os ventos) rachem seus rostos e que a chuva inunde tudo, que raios chamusquem sua cabeça branca e que o trovão arrase o mundo e destrua todos os germes "que constituem o homem ingrato"! O bobo prossegue verbalizando ainda mais palavras insensatas. Entra Kent. Lear diz que por alguma razão durante essa tempestade todos os criminosos devem ser encontrados e condenados. Kent, ainda não reconhecido por Lear, tenta persuadi-lo a se abrigar em uma choupana. Neste momento, o bobo faz uma profecia de forma nenhuma relacionada à situação, e todos partem.*

O veredicto final de Tolstói sobre *Lear* é que nenhum observador não hipnotizado, se um observador assim existisse, conseguiria ler a peça até o fim com nenhum sentimento exceto "aversão e fastio". E exatamente o mesmo é verdade sobre "todos os outros louvados dramas de Shakespeare, para não falar dos contos sem sentido que foram dramatizados, *Péricles, Noite de reis, A tempestade, Cimbelino, Troilo e Créssida*.

Depois de abordar *Lear*, Tolstói delineia uma acusação mais genérica contra Shakespeare. Ele acha que Shakespeare tem alguma habilidade técnica, devida em parte a seu passado como ator, mas absolutamente nenhum outro mérito. Não tem nenhuma capacidade de construir um personagem ou de fazer com que palavras e ações surjam naturalmente das situações, a linguagem é uniformemente exagerada e ridícula, ele constantemente enfia os próprios pensamentos aleatórios na boca de qualquer personagem que por acaso esteja à mão, demonstra "uma ausência completa de senso estético", e suas palavras "não têm nada em comum com a arte nem a poesia".

"Shakespeare pode ter sido o que você quiser", Tolstói conclui, "mas ele não era um artista". Além disso, suas opiniões não são originais nem interessantes, e sua tendência é "do tipo mais baixo e imoral". Curiosamente, Tolstói não baseia esse último julgamento nas palavras do próprio Shakespeare, e sim nas afirmações de dois críticos, Gervinus e Brandes. De acordo com Gervinus (ou, pelo menos, de acordo com a interpretação que Tolstói faz de Gervinus), "Shakespeare ensinou... que uma pessoa *pode ser boa demais*", ao passo que, de acordo com Brandes, "o princípio fundamental de Shakespeare... é que *o fim justifica os meios*". Tolstói acrescenta por conta própria que Shakespeare era um patriota xenófobo do pior tipo, mas exceto por isso ele considera que Gervinus e Brandes fizeram uma descrição verdadeira e adequada da visão de Shakespeare sobre a vida.

Tolstói então recapitula em uns poucos parágrafos a teoria da arte que ele próprio já havia expressado, em uma versão estendida, em outro lugar. Reduzindo-a ainda mais, ela se resume a uma exigência por dignidade no tema, sinceridade e perícia. Um grande trabalho de arte precisa lidar com um assunto que seja "importante para a vida da humanidade", expressar algo que o autor genuinamente sinta e usar os métodos técnicos que produzam o efeito desejado. Como Shakespeare tem uma visão degradada, uma execução desleixada e é incapaz de ser sincero mesmo que só por um instante, ele obviamente está condenado.

Mas aqui surge uma questão espinhosa. Se Shakespeare é tudo que Tolstói mostrou que ele é, como foi que se tornou tão amplamente admirado? Evidentemente, a resposta só pode estar em uma espécie de hipnose das massas ou em uma "sugestão epidêmica". Todo o mundo civilizado vem sendo de algum modo induzido a pensar que Shakespeare é um bom escritor, e nem mesmo a mais explícita demonstração do contrário provoca efeito, porque não se está lidando com uma opinião refletida, e sim com algo aparentado da fé religiosa. Ao longo de toda a História, diz Tolstói, existiu uma série dessas "sugestões epidêmicas" – por exemplo, as Cruzadas, a busca pela Pedra Filosofal, o cultivo maníaco de tulipas que certa vez varreu a Holanda, e assim por diante. Como exemplo contemporâneo ele cita, bastante significativamente, o caso Dreyfus, a respeito do qual o mundo inteiro se agitou violentamente sem que houvesse suficiente razão. Há também surtos de loucura curtos e súbitos por novas teorias políticas e filosóficas, ou por este ou aquele escritor, artista ou cientista – por exemplo, Darwin, que (em 1903) começa a ser esquecido. E em alguns casos um ídolo popular bastante irrelevante pode permanecer valorizado por séculos, pois "também ocorre que tais manias, surgindo em consequência de razões específicas que por acaso favorecem que se estabeleçam, correspondam em tal grau aos pontos de vista disseminados na sociedade, em especial nos círculos literários, que são mantidas por um longo período". As peças de Shakespeare continuaram admiradas por tanto tempo porque "elas refletem o contexto mental irreligioso e imoral das classes altas da época dele e da nossa".

Quanto ao modo como a fama de Shakespeare *começou*, Tolstói explica que ela foi "promovida" por acadêmicos alemães no fim do século XVIII. Sua reputação "surgiu na Alemanha e de lá foi transferida para a Inglaterra". Os alemães decidiram exaltar Shakespeare porque, numa época em que não havia dramaturgia alemã que valesse a pena debater e a literatura clássica francesa estava começando a parecer insípida e artificial, eles foram cativados pelo "desenvolvimento espirituoso de cenas" em Shakespeare, assim como encontraram nele uma boa expressão de sua própria atitude em relação à vida. Goethe afirmou que Shakespeare era um grande poeta, e a partir disso todos os outros críticos foram atrás como um bando de papagaios, e a obsessão vem durando desde então. O resultado foi um agravamento da degradação da dramaturgia – Tolstói toma o cuidado de incluir as próprias peças ao condenar as encenações contemporâneas – e um aumento na corrupção dos pontos de vista morais dominantes. Disso decorre que "a falsa glorificação de Shakespeare" é um mal importante, que Tolstói sente ser seu dever combater.

Essa é, então, a essência do panfleto de Tolstói. O primeiro sentimento que se tem é de que, ao descrever Shakespeare como um mau escritor, ele está dizendo algo demonstravelmente inverídico. Mas não se trata disso. Na verdade, não existe nenhum tipo de evidência ou argumento pelo qual se possa demonstrar que Shakespeare, ou qualquer outro escritor, seja "bom". Tampouco há qualquer modo de provar definitivamente que, por exemplo, Warwick Deeping seja "ruim". Em última instância, não existe teste de mérito literário a não ser a sobrevivência, o que, por si, é um indicador da opinião da maioria. Teorias artísticas como a de Tolstói são bastante inúteis porque não apenas partem de princípios arbitrários como dependem de termos vagos ("sincero", "importante", etc.), que podem ser interpretados de qualquer forma que se queira. A rigor, não há como *responder* ao ataque de Tolstói. A questão interessante é: por que ele o cometeu? De passagem, deve-se notar que ele usa muitos argumentos fracos ou desonestos. Alguns deles merecem ser identificados, não porque invalidem a principal crítica dele, mas por serem, por assim dizer, evidências de malícia.

Para começar, a análise que ele faz de *Rei Lear* não é "imparcial", como duas vezes ele alega ser. Ao contrário, é um longo exercício de distorção. É óbvio que, quando resume *Rei Lear* para alguém que não leu a peça, você não está realmente sendo imparcial se apresenta uma fala importante (a de Lear, quando Cordélia repousa morta em seus braços) desta maneira: "De novo começam os terríveis desvarios de Lear, do qual uma pessoa chega a sentir vergonha, assim como das piadas malsucedidas". Em uma longa série de exemplos, Tolstói altera ligeiramente ou tinge as passagens que está criticando, sempre de forma a fazer o enredo parecer um pouco mais complicado e improvável, ou a linguagem um pouco mais exagerada. Por exemplo, somos informados de que Lear "não tem necessidade nem motivação para abdicar", embora suas razões para a abdicação (que ele está velho e deseja se afastar das preocupações de Estado) tenham sido claramente indicadas na primeira cena. Veremos que, na passagem que citei antes, Tolstói propositalmente entendeu mal uma frase e modificou de leve o sentido de outra, transformando em bobagem uma observação que, no contexto, faz bastante sentido. Nenhuma dessas interpretações equivocadas é por si muito grosseira, mas o efeito cumulativo é exagerar a incoerência psicológica da peça. Mais uma vez, Tolstói não é capaz de explicar por que as peças de Shakespeare ainda estavam sendo impressas e encenadas duzentos anos depois de sua morte (ou seja, *antes* do início da "sugestão epidêmica); e toda a avaliação que ele faz da ascensão de Shakespeare à fama é um trabalho de adivinhação pontuado por declarações falsas explícitas. E de novo muitas de suas acusações se contradizem mutuamente: por exemplo, Shakespeare é um mero anfitrião do teatro de variedades e "não a sério", mas está constantemente colocando os próprios pensamentos na boca dos personagens. De modo geral, é difícil sentir que as críticas de Tolstói são feitas de boa-fé. Seja como for, é impossível que ele acreditasse completamente na própria tese principal – ou seja, que acreditasse que, por um século ou mais, todo o mundo civilizado tenha sido engolfado por uma mentira enorme e palpável que ele, e somente ele, tenha sido capaz de perceber. Com certeza sua aversão por Shakespeare é real, mas as razões para isso podem ser diferentes, ou parcialmente diferentes, daquelas que ele declara, e é nisso que reside o interesse por seus panfletos.

A essa altura, uma pessoa é obrigada a começar a fazer adivinhações. No entanto, existe uma possível pista, ou ao menos uma pergunta que pode indicar o caminho para uma pista. É a seguinte: por que, com trinta ou mais peças entre as quais escolher, Tolstói pegou *Rei Lear* como alvo especial? Sim, é verdade que *Rei Lear* é tão conhecida e foi tão elogiada que poderia com justiça ser tomada como representativa do melhor trabalho de Shakespeare; mesmo assim, para o propósito de uma análise hostil, Tolstói provavelmente escolheria a peça de que mais desgostasse. Não seria possível que ele tivesse uma animosidade especial em relação a esta em particular por reconhecer, consciente ou inconscientemente, as semelhanças entre a história de Lear e a dele mesmo? Mas será melhor abordar essa pista a partir da ponta oposta, ou seja, examinando a peça em si e as qualidades dela que Tolstói deixa de mencionar.

Uma das primeiras coisas que um leitor inglês vai observar no panfleto de Tolstói é que ele mal trata de Shakespeare como poeta. Shakespeare é tratado como dramaturgo e, na medida em que sua popularidade não é espúria, considera-se que isso se deve a truques de encenação que oferecem boas oportunidades a atores talentosos. Agora, no que diz respeito a países de língua inglesa, isso não é verdade. Muitas das peças mais valorizadas por admiradores de Shakespeare (por exemplo, *Tímon de Atenas*) são raramente ou nunca encenadas, enquanto algumas das mais encenadas, como *Sonho de uma noite de verão*, são menos apreciadas. Aqueles que mais gostam de Shakespeare valorizam nele, em primeiro lugar, o uso que faz da linguagem, a "música verbal" que até Bernard Shaw, outro crítico hostil, admite ser "irresistível". Tolstói ignora isso e parece não perceber que um poema pode ter um valor especial para quem fala a língua em que ele foi escrito. No entanto, mesmo que alguém se coloque no lugar de Tolstói e tente pensar em Shakespeare como um poeta estrangeiro, ainda é nítido que existe algo que Tolstói deixou de fora. Poesia, aparentemente, não é uma questão de sonoridade e associação, sem valor fora do próprio grupo linguístico: do contrário, como se explica que alguns poemas, incluindo poemas escritos em línguas mortas, consigam cruzar fronteiras? É claro que uma letra como a de *Tomorrow is daint Valentine's day*[38] não poderia ser traduzida satisfatoriamente, mas nas obras principais de Shakespeare existe alguma coisa que pode ser descrita como poesia e que pode ser separada das palavras. Tolstói está certo ao dizer que *Lear* não é uma peça muito boa, enquanto peça. É longa demais e tem excesso de personagens e de subtramas. Uma filha malvada seria mais do que suficiente, Edgar é um personagem supérfluo: na verdade, provavelmente seria uma peça melhor se Gloucester e os dois filhos fossem eliminados. Apesar disso, algo, um tipo de padrão, ou quem sabe apenas uma atmosfera, sobrevive às complicações e às *longueurs*. *Lear* pode ser imaginada como um espetáculo de marionetes, uma mímica, um balé, uma série de fotografias. Parte de sua poesia, talvez a parte mais essencial, é inerente à história e não depende nem de um conjunto particular de palavras nem de uma apresentação de carne e osso.

Feche os olhos e pense em *Rei Lear*, se possível sem evocar nada do diálogo. O que você vê? Eis o que eu, pelo menos, vejo: um homem velho, majestoso, com um longo manto preto, de cabelos e barba brancos esvoaçantes, uma figura saída dos desenhos de Blake (e ao mesmo tempo, curiosamente, bastante parecida com Tolstói), vagando em meio à tempestade e amaldiçoando os céus em companhia do Bobo e de um louco. Logo a cena muda e o velho, ainda praguejando e ainda sem entender nada, está segurando nos braços uma moça morta, enquanto o Bobo balança na forca em algum ponto em segundo plano. Esse é o esqueleto da peça, e mesmo aqui Tolstói quer deixar de fora a maior parte do que é essencial. Ele faz objeções à tempestade como sendo desnecessária, ao Bobo por, a seus olhos, ser simplesmente um fardo tedioso e uma desculpa para piadas ruins, e à morte de Cordélia por, segundo sua visão, despojar a peça de sua moral. De acordo com Tolstói, a peça anterior, *Rei Leir*, que Shakespeare adaptou,

---

[38] Música cantada pela personagem Ofélia em *Hamlet*, ato 4, cena 5. (N.T.)

Termina mais naturalmente e mais de acordo com as demandas do espectador do que a de Shakespeare; especificamente, com o rei da Gália conquistando os maridos das irmãs mais velhas, e por Cordélia, em vez de ser morta, devolver Leir à sua antiga posição.

Em outras palavras, a tragédia deveria ter sido uma comédia ou, quem sabe, um melodrama. É questionável se o senso de tragédia é compatível com a crença em Deus: seja como for, ele não é compatível com a descrença na dignidade humana nem com o tipo de "exigência moral" que ele sente ter sido traída quando a virtude fracassa em triunfar. Uma situação trágica existe precisamente quando a virtude *não* triunfa, mas quando ainda se sente que o homem é mais nobre do que as forças que o destroem. Talvez seja ainda mais significativo que Tolstói não veja justificativa para a presença do Bobo. O Bobo é parte integrante da peça. Ele age não apenas como um tipo de coro, que torna a situação principal mais clara ao comentar sobre ela com mais inteligência do que os outros personagens, mas também como realce ao frenesi de Lear. Suas piadas, charadas e fragmentos de rimas, suas intermináveis provocações à generosa insensatez de Lear, que vão do mero escárnio a um tipo de poesia melancólica ("Todos os outros títulos vós cedestes; com este vós nascestes"), são como um fiapo de sanidade que percorre toda a peça, um lembrete de que em um lugar ou outro, a despeito das injustiças, crueldade, intrigas, logros e equívocos que estão sendo encenados ali, a vida segue como de costume. Na impaciência de Tolstói com o Bobo, tem-se um vislumbre de sua discordância profunda com Shakespeare. Ele reclama, com alguma razão, da imperfeição das peças de Shakespeare, das irrelevâncias, dos argumentos inverossímeis, da linguagem exagerada: mas no fundo o que mais o incomoda é uma espécie de exuberância, uma tendência a ter, não tanto um prazer, mas simplesmente um interesse pelo processo real da vida. É um erro desconsiderar Tolstói como sendo um moralista atacando um artista. Ele nunca disse que arte, como arte, é perversa ou sem sentido, nem afirmou que o virtuosismo técnico seja desimportante. Mas seu principal objetivo, nos últimos anos de vida, foi estreitar o alcance da consciência humana. Os interesses de uma pessoa, seus pontos de contato com o mundo físico e com as lutas do dia a dia, devem ser tão reduzidos, e não tão numerosos, quanto possível. A literatura deve ser feita de parábolas, despojada de detalhes e quase independente de linguagem. As parábolas, e aqui é onde Tolstói diverge do puritano vulgar médio, devem ser elas mesmas obras de arte, mas o prazer e a curiosidade precisam ser extraídos. A ciência também precisa ser separada da curiosidade. O negócio da ciência, ele diz, não é descobrir o que acontece, mas ensinar aos homens como viver. E o da história e da política também. Muitos problemas (por exemplo, o caso Dreyfus) simplesmente não valem a pena ser resolvidos, e ele está disposto a deixá-los como pontas soltas. Na verdade, toda a sua teoria sobre "manias" e "sugestões epidêmicas", na qual ele reúne coisas como as Cruzadas e a paixão holandesa pelo cultivo de tulipas, demonstra uma disposição para considerar diversas atividades humanas como a mera azáfama das formigas de um lado a outro: inexplicáveis e desinteressantes. É claro que ele não poderia ter paciência com um escritor caótico, detalhista e discursivo como Shakespeare. A reação dele é a de um velho sendo atormentado por uma criança barulhenta. "Por que você fica pulando desse jeito? Por que não senta quieto como eu?" De certa forma, o velho tem razão, mas o problema é que a criança tem em seus membros uma energia que o velho já perdeu. E se o velho sabe da existência dessa energia, o efeito é apenas aumentar sua irritação: ele tornaria as crianças senis, se pudesse. Tolstói talvez não saiba o que está perdendo em Shakespeare, mas ele tem ciência de estar perdendo algo, e está decidido a que os outros também sejam privados daquilo. Por natureza, ele era tanto imperioso quanto egoísta. Bem depois de ser adulto, ele de vez em quando ainda batia no criado em momentos de raiva, e mais tarde, de acordo com seu biógrafo inglês Derrick Leon, ele sentia "um desejo frequente, diante da mais discreta provocação, de estapear o rosto daqueles de quem discordava". Uma pessoa não necessariamente se livra desse tipo de temperamento ao passar por uma conversão religiosa, e de fato é óbvio que a ilusão de ter renascido pode permitir que os vícios originais de uma pessoa floresçam mais livremente do que nunca, embora talvez de formas mais sutis. Tolstói era capaz de repudiar a violência física e de enxergar o que isso implica, mas não era capaz de tolerância nem de humildade, e, mesmo sem conhecer nenhum de seus outros textos, uma pessoa poderia deduzir sua tendência à intimidação espiritual a partir desse único panfleto.

No entanto, Tolstói não está simplesmente tentando privar os outros de um prazer que ele não sente. Ele está fazendo isso, mas sua rixa com Shakespeare vai além. É a rixa entre as atitudes religiosas e as humanistas diante da vida. Aqui, voltamos ao tema central de *Rei Lear*, o qual Tolstói não menciona, apesar de apresentar o enredo com algum nível de detalhe.

Lear é uma das poucas peças de Shakespeare que são inequivocamente sobre alguma coisa. Como Tolstói acertadamente reclama, muita bobagem foi escrita sobre Shakespeare como filósofo, como psicólogo, como "grande professor de moral" e assemelhados. Shakespeare não era um pensador sistemático, suas reflexões mais sérias são expressas de modo irrelevante ou indireto, e nós não sabemos em que medida ele escreveu com um "propósito" ou mesmo quanto do trabalho atribuído a ele foi de fato escrito por ele. Nos sonetos, ele nunca se refere às peças como parte de suas conquistas, embora faça o que parece ser uma alusão um pouco envergonhada à carreira de ator. É perfeitamente possível que ele encarasse ao menos metade das peças como uma forma de fazer dinheiro rápido e mal se preocupasse com propósito ou probabilidade, desde que conseguisse juntar alguma coisa, geralmente a partir de material roubado, capaz de se manter mais ou menos de pé quando em cena. Além disso, cerca de uma dúzia de suas peças, escritas em sua maior parte depois de 1600, tem inquestionavelmente um significado e até uma moral. Elas giram em torno de um tema central que em muitos casos pode ser reduzido a uma única palavra. Por exemplo, *Macbeth* é sobre ambição, *Otelo* é sobre ciúme, *Tímon de Atenas* é sobre dinheiro. O tema de *Lear* é renúncia, e é só por cegueira voluntária que uma pessoa pode deixar de enxergar o que Shakespeare está dizendo.

Lear renuncia ao trono, mas espera que todos continuem a tratá-lo como rei. Ele não percebe que, se abre mão do poder, outras pessoas vão tirar vantagem de sua fraqueza, nem que aqueles que mais descaradamente o bajulam, isto é, Regan e Goneril, são exatamente os que vão se virar contra ele. No momento em que ele descobre que não consegue mais fazer com que as pessoas lhe obedeçam como antes, mergulha em uma fúria que Tolstói descreve como "estranha e antinatural", mas que na verdade combina perfeitamente com o personagem. Em meio à loucura e ao desespero, ele passa por dois estados de ânimo que, de novo, são bastante naturais dadas as circunstâncias, apesar de em um deles ser provável que o personagem esteja sendo usado, em parte, como porta-voz das opiniões do próprio Shakespeare. Um estado de espírito é a aversão com que Lear se arrepende, por assim dizer, de ter sido rei, e compreende pela primeira vez a podridão da justiça formal e da moralidade vulgar. O outro é uma fúria impotente durante a qual ele executa vinganças imaginárias contra aqueles que o trataram injustamente. "Ter mil espetos em brasa lançados assoviando sobre eles!" e:

> *Que ardiloso estratagema ferrar*
> *Uma tropa de cavalos com feltro: porei à prova;*
> *E quando eu tiver me aproximado desses genros,*
> *Então matar, matar, matar, matar, matar, matar!*

Somente no fim ele percebe, como um homem lúcido, que poder, vingança e vitória não valem a pena:

> *Não, não, não, não! Venha, vamos para a prisão...*
> *... e nos desgastaremos*
> *Em uma prisão murada, bandos e seitas dos grandes*
> *Que fluem e refluem sob a lua.*

Mas quando ele faz essa descoberta já é tarde demais, pois sua morte e a de Cordélia já estão decididas. Esta é a história e, desconsiderando alguma falta de habilidade ao contar, é uma história muito boa.

Mas não é também, curiosamente, parecida com a história do próprio Tolstói? Existe uma semelhança geral que dificilmente não se vê, porque o episódio mais impressionante na vida de Tolstói, assim como na de Lear, foi um ato imenso e gratuito de renúncia. Em sua velhice, ele renunciou às propriedades, aos títulos e direitos autorais, e fez uma tentativa – uma tentativa sincera, apesar de não bem-sucedida – de escapar de sua posição privilegiada e levar a vida de um camponês. Mas a semelhança mais profunda repousa no fato de que Tolstói, como Lear, agiu por motivos equivocados e fracassou em obter os resultados esperados. De acordo com Tolstói, o objetivo de todo ser humano é a felicidade, e a felicidade só pode ser obtida pelo cumprimento da vontade de Deus. Mas fazer a vontade de Deus significa abrir mão de todos os prazeres e ambições terrenos e dedicar a vida aos outros. Em última instância, portanto, Tolstói renunciou ao mundo na expectativa de que isso o faria mais feliz. Porém se existe alguma certeza a respeito de seus últimos anos de vida é que ele não foi feliz. Ao contrário, ele foi levado quase à beira da loucura pelo comportamento das pessoas ao seu redor, que o perseguiam precisamente por causa de sua renúncia. Tal como Lear, Tolstói não era humilde nem um bom avaliador de caráter. Ele era às vezes propenso a reassumir as atitudes de um aristocrata, a despeito de seus trajes de camponês, e ele ainda teve dois filhos em quem acreditava e que acabaram por se voltar contra ele – embora, claro, de um modo menos sensacional do que Regan e Goneril. Sua repugnância exagerada pela sexualidade também é claramente parecida com a de Lear. Tolstói comenta que o casamento é "escravidão, saciedade e repulsa" e significa suportar a proximidade de "feiura, sujeira, cheiros, feridas" é equivalente à conhecida explosão de Lear:

> *Acima da cintura os deuses herdam,*
> *Abaixo, o diabo;*
> *Lá está o inferno, lá a escuridão, lá o poço sulfuroso*
> *A queimação, a fervura, o fedor, o definhamento, etc., etc.*

E, embora Tolstói não pudesse ter previsto isso quando escreveu o ensaio sobre Shakespeare, até mesmo o fim de sua vida – a fuga súbita e não planejada pelo país, acompanhado apenas de uma filha leal, a morte em uma cabana em um vilarejo estranho – parece conter em si uma espécie de reminiscência fantasma de *Lear*.

É claro que não se pode supor que Tolstói estivesse ciente dessa semelhança nem que a teria admitido caso lhe tivesse sido apontada. Mas sua atitude em relação à peça deve ter sido influenciada pelo tema. Renunciar ao poder, doar suas terras, era um assunto que ele tinha razão para sentir com intensidade. Provavelmente, portanto, ficaria mais raivoso e perturbado pela moral que Shakespeare delineia do que ficaria em relação a alguma outra peça – digamos, *Macbeth* – que não tocasse tão de perto sua própria vida. Mas *qual é*, exatamente, a moral de *Lear*? Existem duas, é claro: uma explícita e a outra implícita na história.

Shakespeare começa pressupondo que se tornar sem poder é atrair um ataque. Isso não significa que *todo mundo* vai se voltar contra você (Kent e o Bobo permanecem leais a Lear do início ao fim), mas que com toda a probabilidade *alguém* vai. Se você atira longe as suas armas, uma pessoa menos escrupulosa vai apanhá-las. Se você oferece a outra face, vai receber um golpe mais forte do que o primeiro. Isso nem sempre acontece, mas precisa ser esperado, e você não deve reclamar se acontecer. O segundo golpe é, por assim dizer, parte do ato de oferecer a outra face. Em primeiro lugar, portanto, está a moral vulgar, comum, verbalizada pelo Bobo: "Não ceda o poder, não doe suas terras". Mas existe também outra moral. Shakespeare nunca a verbaliza em tantas palavras, e não importa muito se ele estava totalmente consciente dela. Está contida na história que, afinal, ele criou, ou alterou para servir a seus objetivos. É esta: "Doe suas terras se quiser, mas não espere conseguir felicidade ao fazer isso. Provavelmente você não conseguirá felicidade. Se você vai viver pelos outros, precisa viver *para os outros*, e não como um caminho alternativo para conseguir um benefício para si".

Obviamente, nenhuma dessas conclusões teria sido agradável para Tolstói. A primeira delas expressa o egoísmo comum, rasteiro, do qual ele estava genuinamente tentando escapar. A outra entra em conflito com seu desejo de comer o bolo e ainda retê-lo – ou seja, destruir o próprio egoísmo e ao fazer isso ganhar a vida eterna. *Lear*, claro, não é um sermão em favor do altruísmo. A peça simplesmente mostra os resultados de se praticar a abnegação por motivos egoístas. Shakespeare tinha traços consideráveis de mundanismo em si e, se fosse obrigado a escolher um lado na própria peça, provavelmente ficaria com o Bobo. Mas ao menos ele conseguia ver o assunto como um todo e tratá-lo no nível da tragédia. O vício é punido, mas a virtude não é recompensada. A moral das últimas tragédias de Shakespeare não é religiosa no sentido comum, e com toda a certeza não é cristã. Só duas delas, *Hamlet* e *Otelo*, passam-se supostamente na era cristã e, mesmo nelas, exceto pela bufonaria do fantasma em *Hamlet*, não há indicação de um "outro mundo" onde tudo será corrigido. Todas essas tragédias partem do pressuposto humanista de que a vida, com todas as suas dores, vale a pena ser vivida e que o Homem é um animal nobre – uma crença de que Tolstói, em sua velhice, não compartilhava.

Tolstói não era um santo, mas tentou com muito empenho transformar-se em um, e os padrões que aplicava à literatura pertenciam ao outro mundo. É importante notar que a diferença entre um santo e um homem comum é uma diferença de tipo, e não de grau. Ou seja, um não deve ser considerado uma forma imperfeita do outro. O santo, ou ao menos o tipo de santo de Tolstói, não está tentando realizar uma evolução da vida terrena: ele está tentando acabar com ela e colocar algo diferente no lugar. Uma manifestação óbvia disso é a alegação de que o celibato é "superior" ao casamento. Se pelo menos, Tolstói de fato afirma, parássemos de procriar, brigar, lutar e desfrutar, se conseguíssemos ao menos nos livrar não só dos nossos pecados, mas de todo o resto que nos prende à superfície da terra, incluindo o amor, então todo esse processo doloroso se encerraria e o Reino dos Céus chegaria. Mas um ser humano normal não deseja o Reino dos Céus: ele deseja que a vida na terra continue. Isso não é só porque ele é "fraco", "pecador" e ansioso por "diversão". A maioria das pessoas extrai da vida uma boa dose de diversão, mas em compensação vida é sofrimento, e apenas os muito jovens ou muito tolos imaginam o contrário. Em última análise, é a atitude cristã que é egoísta e hedonista, uma vez que seu objetivo é sempre escapar da luta sofrida da vida terrena e encontrar a paz eterna em algum tipo de Paraíso ou Nirvana. A atitude humanista é que a luta precisa continuar e que a morte é o preço da vida. "Os homens devem suportar a vida futura como a suportaram até aqui: o amadurecimento é tudo" – e isso é um sentimento anticristão. Com frequência há uma aparente trégua entre o humanista e o crente, mas na verdade suas atitudes não podem ser conciliadas: é preciso escolher entre este mundo e o outro. E a imensa maioria dos seres humanos, se entendesse a questão, escolheria este mundo. Eles fazem essa escolha quando continuam trabalhando, procriando e morrendo, em vez de mutilar suas faculdades na esperança de obter uma nova existência em outro lugar.

Não sabemos muito sobre as crenças religiosas de Shakespeare, e usando seus textos como evidência seria difícil provar que ele tinha alguma. De qualquer forma, ele não era santo nem queria ser: ele era um ser humano e em alguns sentidos nem mesmo um muito bom. Está claro, por exemplo, que ele gostava de circular entre os ricos e poderosos, e que por eles era capaz das bajulações mais servis. Era também notavelmente cauteloso, para não dizer covarde, em seu modo de expressar opiniões impopulares. Quase nunca ele põe um comentário subversivo ou cético na boca de um personagem passível de ser identificado com ele próprio. Ao longo de todas as suas peças, os críticos sociais mais argutos, as pessoas que não engolem as falácias aceitas, são bufões, vilões, loucos ou pessoas que demonstram insanidade ou estão em um estado de histeria violenta. *Lear* é uma peça em que essa tendência é particularmente bem marcada. Contém uma boa dose de crítica social velada – um aspecto que Tolstói deixa passar –, mas tudo é verbalizado ou pelo Bobo, ou por Edgar quando ele está fingindo estar louco, ou por Lear durante seus rompantes de loucura. Em seus momentos de sanidade, Lear quase nunca faz um comentário inteligente. Apesar disso, o próprio fato de que Shakespeare precisou usar esses subterfúgios demonstra a amplitude de seus pensamentos. Ele não conseguiu se impedir de comentar sobre quase todas as coisas, embora ponha uma série de máscaras para fazer isso. Quem alguma vez leu Shakespeare com atenção não consegue com facilidade passar um dia sem citá-lo, porque não há muitos assuntos importantes que ele não aborde ou ao menos mencione em um ou outro lugar, à sua maneira não sistemática, porém reveladora. Mesmo as irrelevâncias que abundam em cada uma de suas peças – os trocadilhos e enigmas, as listas de nomes, os rascunhos de "reportagem" como a conversa dos carregadores em *Henrique IV*, as piadas sujas, os fragmentos recuperados de baladas antigas – são meramente produtos do excesso de vitalidade. Shakespeare não era um filósofo nem um cientista, mas ele tinha curiosidade, amava a superfície da terra e o processo da vida – o que, vale repetir, *não* é a mesma coisa que desejar divertir-se e permanecer vivo por tanto tempo quanto possível. Claro, não é pela qualidade de seus pensamentos que Shakespeare sobreviveu, e talvez nem fosse lembrado como dramaturgo se não fosse também poeta. Sua principal influência sobre nós se dá pela linguagem. A profundidade do fascínio do próprio Shakespeare pela música das palavras pode provavelmente ser inferida a partir das falas de Pistol. O que Pistol diz é em grande medida sem sentido, mas, se alguém considera suas falas isoladamente, elas constituem uma magnífica poesia retórica. Evidentemente, trechos de bobagens retumbantes ("Que as inundações aumentem e demônios por alimento uivem", etc.) apareciam por vontade própria e o tempo todo na mente de Shakespeare, e um personagem semilunático precisou ser criado para aproveitá-las.

A língua materna de Tolstói não era o inglês e não se pode culpá-lo por não se comover com os versos de Shakespeare, nem mesmo, talvez, por sua recusa a acreditar que a habilidade de Shakespeare com palavras era algo fora do comum. Mas ele teria rejeitado da mesma forma toda a ideia de valorizar a poesia por sua textura – valorizá-la, por assim dizer, como um tipo de música. Se de algum modo tivesse sido provado a Tolstói que toda a explicação que ele deu sobre a ascensão de Shakespeare à fama está equivocada; que, ao menos dentro do mundo falante de inglês, a popularidade de Shakespeare é genuína; que sua mera habilidade em posicionar uma sílaba depois da outra proporcionou um prazer agudo a uma geração após a outra de pessoas falantes de inglês – tudo isso não teria sido considerado mérito de Shakespeare, e sim o contrário. Teria sido simplesmente mais uma prova da irreligiosidade e do caráter terreno de Shakespeare e seus admiradores. Tolstói teria dito que a poesia deve ser julgada por seu significado, e que sonoridades sedutoras apenas fazem com que significados enganosos passem despercebidos. Em todos os níveis, é a mesma questão – este mundo contra o próximo: e certamente a música das palavras é algo que pertence a este.

Uma espécie de dúvida sempre pairou ao redor do caráter de Tolstói, assim como ao redor do caráter de Gandhi. Ele não era um hipócrita vulgar, como alguns declaram que ele era, e provavelmente teria imposto a si mesmo sacrifícios ainda maiores do que os que de fato impôs se não tivesse sido impedido a cada etapa pelas pessoas à sua volta, especialmente a esposa. No entanto, é perigoso analisar Tolstói através da avaliação de seus discípulos. Existe sempre a possibilidade – a probabilidade, de fato – de que eles não tenham feito mais do que trocar uma forma de egoísmo por outra. Tolstói renunciou à riqueza, fama e prosperidade; ele abriu mão da violência em todas as suas formas e estava pronto a sofrer por isso; mas não é fácil acreditar que ele abriu mão do princípio da coerção ou, ao menos, do *desejo* de coagir os outros. Há famílias em que o pai diz ao filho "Você vai levar um tapa se fizer isso de novo", enquanto a mãe, com os olhos marejados, toma a criança nos braços e murmura, docemente, "Bem, meu amor, é certo com a mamãe ter feito isso?". E quem sustentaria que o segundo método é menos tirânico do que o primeiro? A distinção que realmente importa não é entre a violência e a não violência, mas entre ter e não ter apetite por poder. Existem pessoas seguras da perversidade tanto dos exércitos quanto das forças policiais, mas que, apesar disso, são muito mais intolerantes e inquisitoriais do que a pessoa comum, que acredita que sob certas circunstâncias é necessário empregar violência. Elas não vão dizer a alguém "Faça isso e aquilo ou você vai preso", mas, se puderem, elas entrarão na mente desse alguém e ditarão até os mais ínfimos detalhes o que aquela pessoa deve pensar. Credos como o pacifismo e o anarquismo, que na superfície aparentam implicar uma renúncia completa ao poder, na verdade encorajam esse hábito mental. Pois, se você abraçou um credo que aparenta ser livre de toda a sujeira comum à política, um credo do qual você não espere extrair nenhuma vantagem material, então com certeza isso prova que você está do lado certo, não? E, quanto mais você está certo, mais natural que todas as outras pessoas sejam pressionadas a pensar do mesmo jeito.

Se é para acreditarmos no que Tolstói diz no panfleto, ele nunca conseguiu ver nenhum mérito em Shakespeare e sempre se assombrava ao descobrir que seus colegas escritores, Turguêniev[39], Fet[40] e os outros, pensavam de outro modo. Podemos ter certeza de que, na época anterior à sua regeneração, a conclusão de Tolstói teria sido "Você gosta de Shakespeare, eu não gosto, vamos deixar assim". Depois, quando foi abandonado pela percepção de que todos os tipos são necessários para construir o mundo, ele passou a ver os textos de Shakespeare como algo perigoso para si mesmo. Quanto mais prazer as pessoas extraíam de Shakespeare, menos elas dariam ouvidos a Tolstói. Portanto, ninguém deveria ter *permissão* para apreciar Shakespeare, assim como ninguém deveria poder beber álcool nem fumar tabaco. Verdade, Tolstói não os impediria à força. Ele não está exigindo que a polícia confisque todos os exemplares das obras de Shakespeare. Mas ele fará um jogo sujo, se puder. Ele vai tentar entrar na mente de todos os admiradores de Shakespeare e matar o entusiasmo usando todos os truques que puder imaginar, incluindo – conforme demonstrei no resumo que fiz do panfleto dele – argumentos que são contraditórios entre si ou até mesmo de honestidade duvidosa.

---

[39] Ivan Sergeiévitch Turguêniev (1818-1883) foi um romancista, poeta, dramaturgo e tradutor russo. (N.T.)
[40] Afanasi Afanasievich Fet (1820-1892) foi um poeta russo. (N.T.)

No fim, porém, o que mais impressiona é como tudo isso faz pouca diferença. Como afirmei antes, não se pode *responder* ao panfleto de Tolstói, ao menos não a seus pontos principais. Não existe argumento pelo qual se possa defender um poema. Ele defende a si mesmo por sobreviver, ou é indefensável. E se esse teste é válido, acho que o veredicto do caso de Shakespeare deve ser "inocente". Como qualquer outro escritor, Shakespeare será cedo ou tarde esquecido, mas é improvável que uma acusação mais pesada venha a ser feita contra ele. Tolstói foi talvez o literato mais admirado de sua época e certamente não o menos capaz entre os panfletários. Ele concentrou todas as suas forças de denúncia contra Shakespeare, como todos os canhões de um navio de guerra rugindo simultaneamente. E com qual resultado? Quarenta anos depois, Shakespeare segue completamente não afetado, e da tentativa de demoli-lo nada resta senão as páginas amareladas de um panfleto que pouca gente leu, e que seria totalmente esquecido se Tolstói não tivesse sido também o autor de *Guerra e paz* e *Anna Kariênina*.

1947

POLÍTICA *VERSUS* LITERATURA: UMA ANÁLISE DE *AS VIAGENS DE GULLIVER*

Em *As viagens de Gulliver*[41], a humanidade é atacada ou criticada por no mínimo três ângulos diferentes, e assim o caráter implícito do próprio Gulliver necessariamente se altera um pouco no processo. Na Parte I, ele é o típico viajante do século XVIII, corajoso, prático e não romântico, sua perspectiva doméstica é habilmente marcada no leitor pelos detalhes biográficos do início, por sua idade (ele é um homem de 40 anos e dois filhos, quando as aventuras começam) e pelo inventário das coisas em seus bolsos, especialmente os óculos, que fazem diversas aparições. Na Parte II, ele tem no geral o mesmo caráter, mas, nos momentos em que a história exige, tem uma tendência a mergulhar em uma imbecilidade capaz de exaltar "nossa nobre nação, amante das artes e das armas, flagelo da França", etc., etc., e ao mesmo tempo trair todos os fatos escandalosos disponíveis sobre o país que ele alega amar. Na Parte III ele é praticamente o mesmo

---

[41] Livro do irlandês Jonathan Swift (1667-1745) publicado em 1726. (N.T.)

que era na Parte I, apesar de, por seu convívio com membros da corte e homens cultos, ter-se a impressão de que ele ascendeu na escala social. Na Parte IV, ele exprime um horror à raça humana que não é aparente, ou é só intermitentemente aparente, nas partes anteriores, e se altera para um tipo de anacoreta não religioso cujo único desejo é viver em algum lugar desolado, onde possa dedicar-se a meditar sobre a bondade dos *houyhnhnms*. No entanto, essas inconsistências se impõem sobre Swift pelo fato de que Gulliver está ali principalmente para servir de contraponto. É necessário, por exemplo, que ele pareça sensato na Parte I e ao menos ocasionalmente tolo na Parte II, porque em ambas a manobra essencial é a mesma, isto é, fazer o ser humano parecer ridículo ao imaginá-lo como uma criatura de quinze centímetros de altura. Sempre que Gulliver não está fazendo papel de bobo, existe uma espécie de coesão em seu caráter, que se evidencia especialmente em sua desenvoltura e em suas observações dos pormenores físicos. Ele é em grande medida o mesmo tipo de pessoa, com o mesmo estilo de prosa, quando conquista os navios de guerra de Blefuscu, quando rasga a barriga do rato monstruoso e quando parte navegando em seu barco de pesca feito de pele de *yahoos*. Além disso, é difícil não sentir que, nas situações em que é mais briguento, Gulliver não é simplesmente o próprio Swift, e há ao menos um incidente no qual Swift parece estar dando vazão às próprias queixas conta a sociedade contemporânea. Deve-se lembrar que, quando o palácio do imperador de Lilipute pega fogo, Gulliver o apaga urinando sobre ele. Em vez de ser cumprimentado por sua presença de espírito, ele descobre que cometeu uma ofensa mortal ao urinar nos arredores do palácio e:

> *Garantiram-me em particular que a imperatriz, ciente do ato repugnante que eu cometera, mudara-se para a parte mais agastada da corte, firmemente decidida que aquelas construções jamais estariam à altura de seu uso; e, na presença de seus principais confidentes, não pôde evitar de jurar vingança.*

De acordo com o professor G. M. Trevelyan (*England under Queen Anne*), parte da razão para o fracasso de Swift em obter um título honorífico foi que a rainha ficou escandalizada pelo *Conto de uma banheira*, um panfleto no qual Swift provavelmente sentiu ter prestado um grande serviço à Coroa inglesa, uma vez que a história escarifica os Dissidentes e mais ainda os Católicos, ao mesmo tempo em que deixa em paz a Igreja Estabelecida. Seja como for, ninguém negaria que *As viagens de Gulliver* é um livro tão rancoroso quanto pessimista, e que especialmente nas Partes I e II ele muitas vezes descamba para um partidarismo político do tipo mais bitolado. Mesquinhez e magnanimidade, republicanismo e autoritarismo, amor à razão e falta de curiosidade, tudo se mistura ali. O ódio ao corpo humano ao qual Swift é especialmente associado só é dominante na Parte IV, mas de algum modo essa nova preocupação não surge como surpresa. Sente-se que todas essas aventuras e mudanças de humor poderiam ter acontecido à mesma pessoa, e a interconexão entre as lealdades políticas de Swift e seu extremo desespero é um dos aspectos mais interessantes do livro. Politicamente, Swift era uma dessas pessoas que são levadas a uma espécie de *torianismo*[42] perverso graças à insensatez do partido progressista do momento. A Parte I de *As viagens de Gulliver*, ostensivamente uma sátira à grandeza humana, pode ser vista, caso se olhe mais profundamente, como um simples ataque à Inglaterra, ao domínio dos Whigs[43] e sobre a guerra contra a França, que – por piores que tenham sido os motivos dos Aliados – de fato salvaram a Europa de ser tiranizada por uma potência reacionária única. Swift não era jacobita[44] nem, falando estritamente, um Tory, e seu objetivo declarado na guerra foi apenas um acordo de paz moderado, e não uma derrota total da Inglaterra. Mesmo assim, há traços de colaboracionismo em sua atitude, que surgem no final da Parte I e interferem ligeiramente na alegoria. Quando Gulliver foge de Lilipute (Inglaterra) para Blefuscu (França), a suposição de que um ser

---

[42] Relativo aos Tories; Tory, partido político conservador. (N.T.)
[43] Whig, partido político historicamente favorável ao progresso e à reforma. (N.T.)
[44] Partidário do rei Jaime II da Inglaterra. (N.T.)

humano com quinze centímetros de altura é inerentemente desprezível parece cair por terra. Enquanto o povo de Lilipute se comportou em relação a Gulliver do modo mais traiçoeiro e perverso, o de Blefuscu se porta com generosidade e franqueza, e de fato essa parte do livro termina em um tom diferente da desilusão generalizada dos capítulos anteriores. Evidentemente, a disposição de Swift é, em primeiro lugar, contra a Inglaterra. São "os seus nativos" (isto é, os conterrâneos de Gulliver) a quem o rei de Brobdingnag considera serem "a mais perniciosa raça de pequenos vermes odiosos que a natureza alguma vez fez rastejar sobre a superfície da terra", e a longa passagem no fim, denunciando a colonização e a conquista estrangeira, é claramente dirigida à Inglaterra, embora o contrário seja elaboradamente afirmado. Os holandeses, aliados da Inglaterra e alvo de um dos mais famosos panfletos de Swift, também são mais ou menos descaradamente atacados na Parte II. Há até mesmo o que parece um comentário pessoal na passagem em que Gulliver registra sua satisfação com o fato de que os vários países que descobriu não podem ser transformados em colônias da Coroa britânica:

> *Os houyhnhnms, de fato, parecem não estar tão bem preparados para a guerra, uma ciência à qual são perfeitos estranhos, especialmente na forma de armas em missivas. No entanto, supondo que eu fosse um ministro de Estado, jamais poderia aconselhar invadi-los... Imaginem vinte mil deles invadindo a névoa de um exército europeu, confundindo as tropas, revirando as carruagens, esmagando o rosto dos guerreiros até o estado de polpa, com seus cascos traseiros...*

Considerando que Swift não desperdiça palavras, esta frase, "esmagando o rosto dos guerreiros até o estado de polpa", provavelmente indica um desejo secreto de ver os exércitos invencíveis do duque de Marlborough tratados de forma parecida. Há traços parecidos em outros lugares. Até o país mencionado na Parte III, em que "a maioria do povo consiste, de certa forma, totalmente de descobridores, testemunhas, informantes, acusadores, promotores, evidências, jurados, juntamente com seus diversos instrumentos subservientes e subalternos, todos sob as influências, a conduta e o pagamento dos ministros de Estado", é chamado de Langdon, nome que está a uma letra de ser um anagrama de *England*. (Como as primeiras edições do livro contêm erros tipográficos, a intenção talvez tenha sido um anagrama completo.) A repulsa *física* de Swift para com a humanidade é com certeza real o bastante, mas tem-se a sensação de que sua ridicularização da grandeza humana, suas diatribes contra os lordes, políticos, protegidos da corte etc. têm uma aplicação principalmente local, e surge do fato de ele ter pertencido ao partido derrotado. Ele denuncia a injustiça e a opressão, mas não dá evidências de gostar da democracia. Apesar de seus poderes muito maiores, sua posição implícita é muito parecida com a de inúmeros conservadores capazes e bobos dos nossos dias – pessoas como Sir Alan Herbert, professor G. M. Young, lorde Elton, o Comitê Reformista Tory ou a longa fila de católicos apologistas de W. H. Mallock em diante: pessoas que se especializam em fazer piadinhas hábeis à custa de tudo que seja "moderno" e "progressista", e cujas opiniões são com frequência mais extremadas porque sabem que não podem influenciar o curso real dos eventos. Afinal, um panfleto como *Um argumento para provar que a abolição da cristandade* etc. é bem parecido com "Timothy Shy" se divertir um pouco com Custódia do Cérebro ou o padre Ronald Knox denunciar os erros de Bertrand Russell. Afinal, o desembaraço com que Swift foi perdoado – e perdoado, às vezes, por crentes devotos – pelas blasfêmias de *Conto de uma banheira* demonstra com suficiente clareza a debilidade dos sentimentos religiosos quando comparados aos sentimentos políticos.

No entanto, a estrutura reacionária da mente de Swift não se revela especialmente em suas afiliações políticas. O importante é sua atitude em relação à ciência e, mais amplamente, em relação à curiosidade intelectual. A famosa Academia de Lagado, descrita na Parte III de *As viagens de Gulliver*, é sem dúvida uma sátira justificada à maioria dos assim chamados cientistas da época de Swift. Significativamente, as pessoas que trabalham lá são descritas como "projetistas", ou seja, pessoas alheias e desinteressadas na pesquisa, meramente em busca de dispositivos que possam diminuir o trabalho e aumentar o lucro. Mas não há um sinal de que a ciência "pura" teria parecido a Swift uma atividade válida – e, de fato, ao longo do livro, há muitos sinais contrários a isso. O tipo mais sério de cientista já tinha levado chutes nos fundilhos na Parte II, em que os "acadêmicos" patrocinados pelo rei de Brobdingnag tentam esclarecer a pequena estatura de Gulliver:

Após muito debate, eles concluíram por unanimidade que eu era apenas um relplum scalcath, *que é interpretado literalmente,* lusus naturae; *uma definição perfeitamente de acordo com a filosofia europeia moderna, cujos professores, desprezando a velha evasiva das causas ocultas, por meio das quais os seguidores de Aristóteles procuraram em vão disfarçar sua ignorância, inventaram essa solução maravilhosa para todas as dificuldades, para o indizível avanço do conhecimento humano.*

Caso isso se mantivesse de pé sozinho, seria possível supor que Swift é meramente inimigo da *impostura* científica. Em numerosos pontos, porém, ele sai dessa trilha e proclama a inutilidade de qualquer conhecimento ou especulação que não seja dirigido a uma finalidade prática:

O conhecimento (dos brobdingnags*) é muito falho, consistindo tão somente de moralidade, história, poesia e matemática, no que são excelentes. Mas este último é integralmente aplicado ao que pode ser útil na vida, à melhoria na agricultura e a todas as perícias mecânicas, de modo que, entre nós, seria pouco estimado. Quanto a ideias, entidades, abstrações, transcendências, eu nunca conseguiria colocar a menor concepção em suas cabeças.*

Os *houyhnhnms*, as criaturas ideais de Swift, estão atrasados até mesmo no sentido mecânico. Eles não têm familiaridade com os metais, nunca ouviram falar de barcos, não praticam, falando apropriadamente, a agricultura (somos informados de que a aveia da qual vivem "cresce naturalmente") e parecem não ter inventado a roda[45]. Não possuem um alfabeto e evidentemente não têm muita curiosidade sobre o mundo físico. Não acreditam que exista algum país povoado exceto o deles e, embora entendam os movimentos do Sol e da Lua, a natureza dos eclipses, "este é o auge do avanço de sua *astronomia*". Em oposição, os filósofos da ilha voadora de Laputa se veem tão continuamente absortos em especulações matemáticas que antes de falar com eles uma pessoa precisa chamar sua atenção batendo-lhes nas orelhas com uma bexiga. Eles catalogaram dez mil estrelas fixas, estabeleceram a periodicidade de noventa e três cometas e descobriram, antes dos astrônomos da Europa, que Marte tem duas luas – todas informações que Swift, evidentemente, considera ridículas, inúteis e desinteressantes. Como se pode esperar, ele acredita que o lugar do cientista, se é que um cientista tem um lugar, é no laboratório, e que o conhecimento científico não se relaciona com questões políticas:

> *O que eu (...) achei totalmente inexplicável foi a forte disposição que observei possuírem em relação a notícias e política, perpetuamente investigando os assuntos públicos, emitindo julgamentos quanto a questões de Estado e disputando apaixonadamente cada centímetro da posição do partido. Eu de fato observei a mesma disposição entre a maioria dos matemáticos que conheci na Europa, embora nunca tenha descoberto a menor analogia entre as duas ciências; a menos que aquelas pessoas suponham que, por o menor círculo conter tantos graus quanto o maior, a regulação e o gerenciamento do mundo requeiram não mais habilidades do que o manuseio e o giro de um globo terrestre.*

Não existe algo de familiar na frase "embora nunca tenha descoberto a menor analogia entre as duas ciências"? Tem exatamente o mesmo tom

---

[45] Os *houyhnhnms* velhos demais para caminhar são transportados em "trenós" ou em "um tipo de veículo semelhante a um trenó". Supostamente, sem rodas. (N.A.)

dos apologistas católicos que demonstram surpresa quando um cientista verbaliza uma opinião sobre a existência de Deus e a imortalidade da alma. O cientista, somos informados, é um especialista apenas em um campo restrito: por que suas opiniões teriam valor em qualquer outro? A implicação é que a teologia é uma ciência tão exata quanto, por exemplo, a química, e que o sacerdote também é um especialista cujas conclusões em certos temas devem ser aceitas. Swift faz a mesma alegação quanto à política, mas ele vai mais longe, no sentido de não permitir que o cientista – nem o cientista "puro" nem o *ad hoc* – seja uma figura útil no discurso dele mesmo. Mesmo que ele não tivesse escrito a Parte III de *As viagens de Gulliver*, seria possível inferir a partir do resto do livro que, tal como Tolstói e Blake, ele odeia a própria ideia de estudar os processos da natureza. A "razão" que ele tanto admira nos *houyhnhnms* não significa primariamente a capacidade de extrair inferências lógicas a partir de fatos observados. Embora ele nunca a defina, na maioria dos contextos ela parece significar ou senso comum – isto é, aceitação do óbvio e desprezo por sofismas e abstrações – ou ausência de paixão e superstição. No geral, ele presume que nós já sabemos tudo o que precisamos saber, e meramente usamos nosso conhecimento equivocadamente. A medicina, por exemplo, é uma ciência inútil, pois, se levássemos uma vida mais natural, não existiriam doenças. Swift, no entanto, não é um simplório nem um admirador do Bom Selvagem. Ele é a favor da civilização e dos modos civilizados. Não apenas reconhece o valor de boas maneiras, boa conversa e até do conhecimento de um tipo literário e histórico, ele também enxerga que a agricultura, a navegação e a arquitetura precisam ser estudadas e poderiam, com benefício, ser aprimoradas. Mas seu objetivo implícito é a civilização estática e não curiosa – o mundo de sua época, um pouco mais limpo, um pouco mais lúcido, sem nenhuma mudança radical e sem incursões no desconhecido. Mais do que se poderia esperar de alguém tão liberto das falácias aceitas, ele reverencia o passado, especialmente a Antiguidade clássica, e acredita que o homem moderno se degenerou acentuadamente nos últimos cem anos[46]. Na ilha dos feiticeiros, onde os espíritos dos mortos podem ser invocados à vontade:

> *Desejei que o Senado de Roma aparecesse à minha frente em uma ampla câmara, e um representante da opinião contrária, em outra. O primeiro pareceu uma assembleia de heróis e semideuses, o outro, um bando de mascates, punguistas, salteadores e valentões.*

Embora Swift use este trecho da Parte III para atacar a veracidade da história registrada, seu espírito crítico o abandona assim que ele começa a lidar com gregos e romanos. Ele comenta, claro, sobre a corrupção da Roma imperial, mas tem uma admiração quase irracional por algumas personalidades de destaque do mundo antigo:

> *Fui tomado de profunda veneração ao ver Brutus, e descobri facilmente a mais consumada virtude, a mais extraordinária intrepidez e firmeza mental, o mais verdadeiro amor por seu país e benevolência geral pela humanidade em cada linha de seu semblante... Tive a honra de conversar muito com Brutus e fui informado de que seus ancestrais Júnio, Sócrates, Epaminondas, Cato, o Jovem, Sir Thomas More e ele próprio estavam continuamente juntos: um sextumvirato ao qual nem todas as eras do mundo poderão acrescentar um sétimo.*

Note-se que, dessas seis pessoas, apenas uma é cristã. Esse é um ponto importante. Se somarmos o pessimismo de Swift, sua reverência pelo passado, sua falta de curiosidade e seu horror ao corpo humano, chegaremos a uma atitude comum entre reacionários religiosos – ou seja, pessoas que defendem uma ordem injusta da sociedade alegando que este mundo não

---

[46] A decadência física que Swift alega ter observado bem pode ter sido um fato naquele período. Ele atribui isso à sífilis, que era então uma doença nova na Europa e pode ter sido mais virulenta do que é agora. Bebidas destiladas também eram novidade no século XVII e no início devem ter levado a um grande aumento no alcoolismo. (N.A.)

pode ser substancialmente melhorado e que só o "outro mundo" importa. No entanto, Swift não dá nenhum sinal de ter alguma crença religiosa, pelo menos não no sentido normal da palavra. Ele não demonstra acreditar seriamente na vida após a morte, e sua ideia de bondade está atrelada a republicanismo, amor à liberdade, coragem, "benevolência" (significando no fundo espírito público), "razão" e outras qualidades pagãs. Isso nos lembra da existência de outra tensão em Swift, não exatamente congruente com sua descrença no progresso e seu ódio generalizado pela humanidade.

Para começo de conversa, há momentos em que ele é "construtivo" e até mesmo "avançado". Ser inconsistente de vez em quando é quase um sinal de vitalidade nos livros de utopia, e Swift às vezes insere em um trecho uma palavra ou um elogio que é pura sátira. Assim, suas ideias sobre a educação dos jovens são adotadas pelos liliputianos, que têm sobre esse assunto as mesmas opiniões dos *houyhnhnms*. Os liliputianos também têm várias instituições sociais e jurídicas (por exemplo, existe uma pensão para os velhos, as pessoas são recompensadas por cumprir a lei e punidas por desobedecer a ela) que Swift gostaria de ver triunfando em seu próprio país. No meio dessa passagem, Swift se lembra de sua intenção satírica e acrescenta: "Em relação a estas e às próximas leis, devo ser interpretado como citando apenas as instituições originais, e não as mais escandalosamente corruptas, nas quais esse povo caiu pela degeneração da natureza do homem": mas, como Lilipute supostamente representa a Inglaterra, e as leis das quais ele está falando nunca tiveram paralelo na Inglaterra, fica claro que o impulso de criar construções sugestivas foi excessivo para ele. Mas a maior contribuição de Swift ao pensamento político, no sentido mais estrito das palavras, é seu ataque, em especial na Parte III, sobre o que seria atualmente chamado de totalitarismo. Ele faz uma previsão extraordinariamente precisa da "polícia de Estado" dominada por espiões, com suas intermináveis perseguições aos hereges e julgamentos por traição, tudo na verdade pensado para neutralizar o descontentamento popular pela transformação dele em histeria de guerra. E deve-se lembrar que aqui Swift está inferindo o todo a partir de uma parte bem pequena, pois os governos fracos de sua época não forneciam referências prontas. Por exemplo, aqui está o professor da Escola de Projetistas Políticos que "me mostrou um grande documento com instruções para descobrir complôs e conspirações", e que alegava que se pode descobrir os pensamentos secretos das pessoas examinando seus excrementos:

> *Porque os homens nunca são mais sérios, pensativos e intensos do que quando estão no vaso sanitário, o que ele descobriu por experimentos frequentes: pois em tais conjunturas, quando estava meramente testando uma consideração sobre qual seria o melhor modo de assassinar o rei, seu excremento teve tons esverdeados; mas era muito diferente quando ele pensava apenas em começar uma insurreição ou incendiar a metrópole.*

Dizem que o professor e sua teoria foram sugeridos a Swift pelo fato – do nosso ponto de vista – não particularmente espantoso nem repugnante de que, em um julgamento, cartas encontradas na privada de alguém foram arroladas como evidência. Mais tarde no mesmo capítulo, parecemos estar decididamente no meio dos expurgos russos:

> *No Reino de Tribnia, chamado pelos nativos de Langdon... a maioria do povo consiste, de certa forma, totalmente de descobridores, testemunhas, informantes, acusadores, promotores, evidências, jurados... Eles primeiro concordam, e em seguida estabelecem entre si quais pessoas suspeitas serão acusadas de tramar uma conspiração: depois, cuidados eficazes são tomados para obter todas as suas cartas e documentos e acorrentar os donos. Esses papéis são entregues a um grupo de artistas muito destros em descobrir os significados misteriosos de palavras, sílabas e letras... Onde este método falha, eles têm outros dois mais eficazes, que os cultos entre eles chamam de acrósticos e anagramas. Primeiro, eles conseguem traduzir todas as letras iniciais em significados políticos. Assim, N significa complô, B é um*

regimento a cavalo e L é uma frota no mar. Ou, em segundo lugar, transpondo as letras do alfabeto em qualquer papel suspeito, eles podem revelar os mais misteriosos planos de um partido insatisfeito. Assim, por exemplo, se eu disser em uma carta a um amigo, "Nosso irmão Tom pena com hemorroida - CL", um decifrador habilidoso descobriria que as mesmas letras que compõem esta frase podem ser lidas como "Resistam, ora, o complô no caminho dorme". E esse é o método anagramático.

Outros professores da mesma escola inventam linguagens simplificadas, escrevem livros com máquinas, educam os alunos ao inscrever a lição em um *wafer* e fazê-los engolir, ou propõem abolir por completo a individualidade cortando uma parte do cérebro de um homem e enxertando-o na cabeça de outro. Existe um traço incomodamente familiar na atmosfera desses capítulos, porque, misturada a muita bobagem, existe a percepção de que um dos objetivos do totalitarismo não é apenas garantir que as pessoas vão ter os pensamentos certos, mas na verdade torná-las *menos conscientes*. E depois, mais uma vez, os retratos que Swift faz do líder, que geralmente é encontrado governando uma tribo de *yahoos*, e do "preferido", que age primeiro como executor de serviços sujos e mais tarde como bode expiatório, encaixam-se admiravelmente bem no padrão da nossa própria época. Mas será que devemos inferir, a partir disso, que Swift foi o primeiro e mais destacado inimigo da tirania e defensor da inteligência livre? Não: seus próprios pontos de vista, na medida em que se consegue discerni-los, não são especialmente liberais. Não há dúvida de que ele detesta lordes, reis, bispos, generais, mulheres elegantes, ordens, títulos e frivolidades em geral, mas ele não parece ter uma opinião melhor sobre as pessoas comuns do que a que tem sobre os governantes, nem ser inclinado à igualdade social nem ter grande entusiasmo pelas instituições representativas. Os *houyhnhnms* são organizados em uma espécie de sistema de castas de caráter racial; os cavalos que fazem o trabalho humilde são de cor diferente da cor dos cavalos dos mestres e não cruzam com eles. O sistema educacional que Swift admira nos liliputianos presume a existência de distinções de classe hereditárias, e os filhos das classes mais pobres não vão à escola porque "o trabalho deles é existir apenas até lavrar e semear a terra... Portanto, sua educação é de pouca consequência para a sociedade". Tampouco ele parece ter sido fortemente favorável à liberdade de expressão e de imprensa, apesar da tolerância com que seus próprios textos foram recebidos. O rei de Brobdingnag fica assombrado com a multiplicidade de seitas religiosas e políticas na Inglaterra e considera que aqueles cujas "opiniões são prejudiciais ao povo" (no contexto, isso parece significar apenas opiniões heréticas), embora não sejam obrigados a mudá-las, deveriam ser forçados a escondê-las: pois "assim como seria tirania se qualquer governo exigisse o primeiro, igualmente seria fraqueza não impingir o segundo". Há uma indicação mais sutil da atitude do próprio Swift no modo pelo qual Gulliver vai embora da terra dos *houyhnhnms*. Intermitentemente, pelo menos, Swift foi uma espécie de anarquista, e a Parte IV de *As viagens de Gulliver* é o retrato de uma sociedade anarquista, não governada pela lei no sentido comum, mas pelo que dita a "Razão", que é voluntariamente aceita por todo mundo. A Assembleia Geral dos *Houyhnhnms* "exorta" o mestre de Gulliver a livrar-se dele, e os vizinhos acrescentam pressão para fazê-lo consentir. Duas razões são dadas. Uma é que a presença daquele *yahoo* incomum pode perturbar o resto da tribo, e a outra é que um relacionamento amigável entre um *houyhnhnm* e um *yahoo* "não concorda com a Razão nem com a Natureza, e é algo de que nunca se ouviu falar". O mestre de Gulliver não está muito inclinado a obedecer, mas a "exortação" (um *houyhnhnm*, somos informados, nunca é obrigado a fazer algo, ele é meramente "exortado" ou "aconselhado") não pode ser desconsiderada. Isso ilustra muito bem a tendência totalitária que é explícita na visão anarquista ou pacifista da sociedade. Em uma sociedade na qual não há lei, e em teoria obrigatoriedade, o único árbitro do comportamento é a opinião pública. Mas a opinião pública, devido à tremenda necessidade de conformidade presente nos animais gregários, é menos tolerante do que qualquer sistema jurídico. Quando seres humanos são governados por "tu não hás de", o indivíduo pode praticar certo nível de excentricidade: quando eles são supostamente governados por "amor" ou "razão", ele está sob a pressão contínua de se comportar e pensar exatamente do mesmo jeito que todas as demais pessoas. Os *houyhnhnms*, somos informados, são unânimes em quase todos os aspectos. A única questão que eles *debateram* foi como lidar com os *yahoos*. Fora dela, não havia espaço para divergência entre eles, porque a verdade é sempre autoevidente ou, pelo contrário, indetectável e desimportante. Aparentemente, em seu idioma não existia uma palavra para "opinião" e, em suas conversas, não havia "diferença de sentimentos". Eles haviam de fato alcançado o mais alto nível de organização totalitária, o estágio em que a conformidade é tão generalizada que não há necessidade de força policial. Swift aprova esse tipo de coisa porque entre seus muito predicados nem curiosidade nem benevolência estavam incluídas. A discordância sempre parecia a ele franca perversidade. "Entre os *houyhnhnms*, a 'Razão'", ele nos diz, "não é um ponto problemático, como conosco, em que os homens podem discutir plausivelmente sobre os dois lados de uma questão; ela os atinge como convicção imediata, como deve ser, quando não é manchada, obscurecida ou descolorida por paixões e interesses." Em outras palavras, nós já conhecemos tudo, então por que opiniões dissidentes deveriam ser toleradas? A sociedade totalitária dos *houyhnhnms*, onde não pode haver liberdade nem desenvolvimento, desdobra-se naturalmente a partir disso.

Estamos corretos em pensar em Swift como rebelde e iconoclasta, mas, a não ser por certos temas secundários, como sua insistência em que as mulheres deveriam receber a mesma educação dada aos homens, ele não pode ser rotulado de "esquerdista". Ele é um anarquista conservador, que despreza a autoridade ao mesmo tempo que descrê da liberdade, e preserva o ponto de vista aristocrático ao mesmo tempo que enxerga claramente que a aristocracia existente é degenerada e desprezível. Quando Swift verbaliza uma de suas diatribes características contra os ricos e poderosos, deve-se, conforme afirmei antes, dar um desconto pelo fato de que ele pertence à parte menos bem-sucedida e se sentia pessoalmente desapontado. Os "excluídos", por razões óbvias, são sempre mais radicais do que os "incluídos"[47]. Mas a coisa mais essencial em Swift é sua inabilidade em acreditar que a vida – a vida comum na terra firme, não uma versão racionalizada e desodorizada dela – poderia ser tornada digna de ser vivida. Claro, nenhuma pessoa honesta alega que a felicidade é hoje em dia a condição normal entre seres humanos adultos; mas talvez ela pudesse ser tornada normal, e de fato é para essa questão que toda controvérsia política séria se volta. Swift tem muito em comum – mais do que foi observado, creio – com Tolstói, outro descrente da possibilidade de felicidade. Em ambos os homens você tem a mesma perspectiva anarquista envolvendo um tipo autoritário de mente; em ambos, uma hostilidade parecida contra a ciência, a mesma impaciência com os oponentes, a mesma inabilidade de enxergar a importância de qualquer questão que não os interesse diretamente; e em ambos os casos uma espécie de horror pelo processo real da vida, apesar de no caso de Tolstói ele ter chegado mais tarde e de um jeito diferente. A infelicidade sexual dos dois homens não era do mesmo tipo, mas havia em comum entre ambos um asco sincero misturado a um fascínio mórbido. Tolstói era um libertino regenerado que acabou pregando o celibato absoluto, ao mesmo tempo que praticou o oposto até uma idade extremamente avançada. Swift era presumivelmente impotente, e tinha um pavor exagerado das fezes humanas: ele também pensava nisso incessantemente, conforme se torna óbvio através de seus trabalhos. Pessoas assim não são propensas a desfrutar nem mesmo da pequena quantidade de felicidade que cabe à maioria dos seres humanos, e, por motivos óbvios, não são propensas a admitir que a vida terrena é

---

[47] No fim do livro, como espécimes típicos da loucura e da maldade humanas, Swift lista "um advogado, um punguista, um coronel, um louco, um lorde, um apostador, um político, um cafetão, um médico, uma testemunha, um subornador, um advogado, um traidor ou algo parecido". Vê-se aqui a violência irresponsável dos impotentes. A lista reúne os que rompem os códigos convencionados e os que os mantêm. Por exemplo, se você automaticamente condena um coronel por ser um coronel, em que bases condena um traidor? Ou, por outro lado, se você quer eliminar os punguistas, precisa ter leis, o que significa que precisa ter advogados. Mas toda a passagem de encerramento, na qual o ódio é tão autêntico, e a razão dada para ele, tão inadequada, de alguma forma não convence. Tem-se a sensação de que animosidade pessoal está em cena.

passível de grandes melhorias. Sua falta de curiosidade e, portanto, sua intolerância brotam da mesma raiz.

O desgosto, o rancor e o pessimismo de Swift fariam sentido como contraponto ao "próximo mundo", do qual este é um prelúdio. Como ele não parece acreditar seriamente em tal coisa, torna-se necessário construir um paraíso supostamente existente na face da Terra, mas algo bastante diferente de qualquer coisa que conheçamos, com tudo o que ele desaprova – mentira, loucura, mudança, entusiasmo, prazer, amor e sujeira – eliminado. Como criatura ideal ele escolhe o cavalo, um animal cujo esterco não é ofensivo. Os *houyhnhnms* são bestas assustadoras – isso é tão amplamente aceito que nem merece elaboração. O gênio de Swift pode torná-los críveis, mas haverá bem poucos leitores em quem eles provocarão qualquer sentimento além de antipatia. E isso não vem da vaidade ferida de ver animais preferidos aos homens, uma vez que, dos dois, os *houyhnhnms* são muito mais parecidos com os seres humanos do que os *yahoos*, e o horror de Gulliver aos *yahoos*, juntamente com seu reconhecimento de que são o mesmo tipo de criatura que ele próprio, contém um absurdo lógico. Esse horror surge sobre ele logo à primeira vista deles. "Nunca, em minhas viagens", ele diz, "encontrei um animal tão desagradável, nem um pelo qual eu naturalmente tenha desenvolvido uma antipatia tão forte." Mas os *yahoos* são repugnantes em comparação com o quê? Não com os *houyhnhnms*, porque a esta altura Gulliver ainda não viu um *houyhnhnm*. Pode ser apenas em comparação com ele próprio, isto é, com um ser humano. Mais tarde, no entanto, somos informados de que os *yahoos são* seres humanos, e a sociedade humana se torna insuportável para Gulliver porque todos os homens são *yahoos*. Nesse caso, por que ele não desenvolveu sua antipatia pela humanidade mais cedo? Na verdade, somos informados de que os *yahoos* são fantasticamente diferentes dos homens, mas, ainda assim, iguais. Swift superou a si mesmo em sua fúria e está berrando para seus companheiros de espécie: "Vocês são mais imundos do que são!". No entanto, é impossível sentir muita empatia pelos *yahoos*, e não é porque oprimem os *yahoos* que os *houyhnhnms* se tornam desagradáveis. Eles são desagradáveis porque a "Razão" pela qual são governados é na verdade um desejo por morte. Eles não estão isentos de amor, amizade, curiosidade, medo, pesar – exceto em seus sentimentos em relação aos *yahoos*, que ocupam o mesmo lugar em sua comunidade que os judeus na Alemanha nazista –, raiva e ódio. "Eles não têm carinho pelos potros e outros filhotes, mas os cuidados que tomam ao educá-los procedem inteiramente dos ditames da *Razão*". Eles têm "amizade" e "benevolência", mas "elas não são restritas a objetos em particular, e sim universais em relação à raça inteira". Eles também valorizam a conversa, mas em suas conversas não há diferenças de opinião, e "nada fluía que não fosse útil, expresso com o mínimo de palavras entre as mais significativas". Eles praticam um controle de natalidade rígido, cada casal produzindo duas crias e dali em diante se abstendo de copular. Os casamentos são arranjados pelos pais com base em princípios de eugenia, e o idioma não tem uma palavra para "amor" no sentido sexual. Quando alguém morre, eles continuam vivendo exatamente como antes, sem nenhum lamento. Vê-se que seu objetivo é ser o mais parecido possível com um cadáver, ao mesmo tempo que se retém a vida física. Uma ou duas de suas características, verdade seja dita, não parecem ser estritamente "razoável" no sentido que eles dão à palavra. Assim, eles atribuem imenso valor não apenas à coragem física, mas ao atletismo, e são dedicados à poesia. Mas essas exceções são menos arbitrárias do que aparentam. Swift provavelmente enfatiza a força física dos *houyhnhnms* como forma de deixar claro que eles nunca poderiam ser conquistados pela detestada raça humana, ao passo que um gosto por poesia pode figurar entre suas qualidades porque a poesia surge para Swift como antítese da ciência, do ponto de vista dele, a mais inútil de todas as buscas. Na Parte III, ele cita "imaginação, elegância e invenção" como faculdades desejáveis totalmente ausentes entre os matemáticos laputanos (apesar de seu amor pela música). Deve-se ter em mente que, embora Swift fosse um autor admirável de versos cômicos, o tipo de poesia que ele considerava ter valor seria provavelmente poesia didática. A poesia dos *houyhnhnms*, ele diz:

Deve ser reconhecida como superior à de todos os outros mortais, uma vez que a precisão de suas comparações e a caracterização e a exatidão de suas descrições são, de fato, inimitáveis. Seus versos abundam de ambas; e geralmente contêm ou algumas noções exaltadas de amizade e benevolência, ou elogios àqueles que venceram nas corridas e outros exercícios físicos.

Infelizmente, nem mesmo o gênio de Swift esteve à altura de produzir um exemplo pelo qual pudéssemos julgar a poesia dos *houyhnhnms*. Mas parece que seria algo frio (supõe-se que em dísticos heroicos) e não seriamente em conflito com os princípios da "Razão".

É notoriamente difícil descrever a felicidade, e retratos de uma sociedade justa e bem organizada raramente são atraentes ou convincentes. A maioria dos criadores de utopias "favoráveis", no entanto, preocupa-se em mostrar como a vida poderia ser se vivêssemos mais plenamente. Swift advoga uma simples recusa da vida, e justifica isso alegando que "Razão" consiste em distorcer nossos instintos. Os *houyhnhnms*, criaturas sem história, continuam geração após geração a viver com prudência, mantendo a população exatamente no mesmo nível, evitando todas as paixões, sem sofrer de nenhuma doença, recebendo a morte com indiferença, treinando os jovens nos mesmos princípios – e tudo isso para quê? Para que o mesmo processo possa continuar indefinidamente. As noções de que a vida aqui e agora é digna de ser vivida, ou que poderia ser tornada digna de viver, ou que precisa ser sacrificada em nome de algum bem futuro, estão todas ausentes. O triste mundo dos *houyhnhnms* é uma utopia tão boa quanto Swift pôde conceber, dado que ele nem acreditava no "outro mundo" nem conseguia extrair prazer nenhum de certas atividades normais. Mas esse mundo não é estabelecido como algo desejável em si mesmo, e sim como mera justificativa para mais um ataque contra a humanidade. O objetivo, como de costume, é humilhar o Homem ao recordá-lo de que ele é fraco e ridículo e, acima de tudo, fede; em última instância, a motivação é provavelmente um tipo de inveja, a inveja que o fantasma sente dos viventes, do homem que sabe que não pode ser feliz, pois outros – assim ele teme – talvez sejam um pouquinho mais felizes do que ele mesmo. A expressão política de tal perspectiva precisa ser ou reacionária ou niilista, porque a pessoa que a detém quer impedir a sociedade de se desenvolver em uma direção em que seu pessimismo seja desbancado. Pode-se fazer isso ou destruindo tudo ou evitando a mudança social. Swift, a rigor, destruiu tudo em pedacinhos do único jeito que era factível antes da bomba atômica – ou seja, ele ficou louco –, mas, conforme tentei demonstrar, seus objetivos políticos eram, no geral, reacionários.

A partir do que escrevi, pode parecer que sou *contra* Swift e que meu objetivo é refutá-lo e até minimizá-lo. Em um senso político e moral sou contra ele, na medida em que o compreendo. Ainda assim, curiosamente, ele é um dos escritores que admiro com menos restrições, e *As viagens de Gulliver*, em particular, é um livro do qual pareço incapaz de me cansar. Eu o li pela primeira vez aos 8 anos – um dia antes de completar 8, para ser exato, pois roubei e li às escondidas o exemplar que me seria dado no dia seguinte, no meu oitavo aniversário – e certamente não o li menos do que uma dúzia de vezes desde então. Seu fascínio parece inexaurível. Se eu tivesse de fazer uma lista dos seis livros que seriam preservados quando todos os demais fossem destruídos, eu com toda a certeza incluiria *As viagens de Gulliver*. Isso levanta a questão: qual é a relação entre concordar com as opiniões de um escritor e apreciar seu trabalho?

Se uma pessoa é capaz de distanciamento intelectual, é capaz de *perceber* mérito em um escritor de quem ela discorde profundamente, mas *apreciar* é outra coisa. Supondo que exista isso de arte boa e arte ruim, então a bondade ou a ruindade deve estar no trabalho de arte em si – não de forma independente do observador, de fato, mas independentemente do estado de ânimo do observador. De certa forma, portanto, não pode ser verdade que um poema é bom na segunda-feira e ruim na terça. Mas, se uma pessoa julga um poema com base na apreciação que ele desperta, então certamente pode ser verdade, porque a apreciação, ou o desfrute, é uma condição subjetiva que não pode ser controlada. Durante grande parte de sua vida acordado, mesmo o homem mais erudito não tem sensações estéticas de nenhum tipo, e sua capacidade de tê-las é facilmente destruída. Se você está com medo ou fome, sofrendo com dor de dente ou enjoo em alto-mar, *Rei Lear* não parecerá melhor, do seu ponto de vista, do que *Peter Pan*. Você pode saber, em um sentido intelectual, que ele é melhor, mas isso é só um fato que você recorda: você não vai *sentir* o mérito de *Rei Lear* até estar normal de novo. O julgamento estético pode ser afetado da mesma forma desastrosa – mais desastrosa, porque a causa é menos prontamente identificada –, por discordância política ou moral. Se um livro o irrita, fere ou assusta, você não vai apreciá-lo, sejam quais forem os méritos dele. Se ele lhe parecer um livro realmente pernicioso, propenso a influenciar outras pessoas de algum modo indesejável, você provavelmente vai então construir uma teoria estética para demonstrar que ele *não* tem méritos. A crítica literária atual consiste em grande medida desse tipo de esquiva de um lado a outro entre dois conjuntos de padrões. Apesar disso, o processo contrário também pode acontecer: a apreciação pode vencer a desaprovação, mesmo que uma pessoa reconheça claramente que está apreciando algo prejudicial. Swift, cuja visão de mundo é tão peculiarmente inaceitável, mas que apesar disso é um escritor extremamente popular, é um bom exemplo disso. Por que não nos importamos de ser chamados de *yahoos*, apesar de firmemente convencidos de *não* sermos *yahoos*?

Não basta dar a resposta habitual sobre obviamente Swift estar errado, de fato ser insano, porém "um bom autor". É verdade que a qualidade literária de um livro é em alguma pequena medida separável de seu tema. Algumas pessoas têm um talento natural para usar palavras, assim como algumas pessoas têm naturalmente um "olho bom" para apostas. É em grande parte uma questão de ritmo e de saber instintivamente quanta ênfase usar. Como exemplo à mão, olhe de novo para a passagem que citei antes, começando com "No Reino de Tribnia, chamado pelos nativos de Langdon". Ela extrai muito de sua força da sentença final: "E esse é o método anagramático". Falando estritamente, essa sentença é desnecessária, pois já vimos o anagrama decifrado, mas a repetição falsamente solene, na qual parece que ouvimos a voz do próprio Swift pronunciando as palavras, realça a idiotice das atividades descritas, como um golpe final em um prego. Mas nem toda a força e simplicidade da prosa de Swift, nem o esforço imaginativo capaz de criar, não um mundo impossível, mas toda uma série de deles, mais crível do que a maioria dos que aparecem em livros de História, nada disso nos permitiria apreciar Swift se seus pontos de vista fossem verdadeiramente ofensivos ou chocantes. Milhões de pessoas em diversos países devem ter gostado de *As aventuras de Gulliver* ao mesmo tempo que mais ou menos percebiam as implicações anti-humanas: e mesmo a criança que aceita as Partes I e II como uma simples história capta o absurdo, ao pensar em seres humanos com quinze centímetros de altura. A explicação deve ser que a visão de mundo de Swift não é totalmente falsa – ou talvez seja mais exato dizer não falsa o tempo todo. Swift é um escritor mórbido. Ele fica permanentemente em um estado deprimido que na maior parte das pessoas é apenas intermitente, como se alguém sofrendo de icterícia ou das sequelas de influenza tivesse energia para escrever livros. Mas todos conhecemos esse estado, e algo em nós reage à manifestação dele. Tome, por exemplo, um de seus trabalhos mais característicos, *O toucador da dama*: pode-se acrescentar um poema aparentado, *Acerca de uma bela jovem ninfa indo para a cama*. O que é mais verdadeiro: os pontos de vista expressos nesses poemas ou o ponto de vista implícito na frase de Blake "A nudez da forma feminina humana divina"? Sem dúvida, Blake está mais próximo da verdade, mas, mesmo assim, quem pode deixar de sentir uma espécie de prazer ao ver aquela fraude, a delicadeza feminina, ser destruída, só por uma vez? Swift falsifica sua reprodução do mundo ao recusar-se a ver qualquer coisa na vida humana além de sujeira, loucura e maldade, mas a parte que ele abstrai a partir do todo realmente existe, e é algo que todos nós conhecemos, ao mesmo tempo que nos contemos para não mencioná-la. Partes da nossa mente – em qualquer pessoa normal, é a parte dominando – acreditam que o homem é um animal nobre e que a vida vale a pena: mas existe também uma espécie de eu interior que, pelo menos de vez em quando, fica perturbado diante do horror da existência. Do modo mais estranho, prazer e repulsa estão ligados. O corpo humano é belo: é também repulsivo e ridículo, um fato que pode ser comprovado em qualquer piscina. Os órgãos sexuais são objetos de desejo e também de asco, tanto que em muitas línguas, se não em todas, seus nomes são usados como palavras de insulto. Carne é uma delícia, mas um açougue faz a pessoa sentir enjoo: e de fato toda a nossa comida provém, em última instância, de esterco e corpos mortos, as duas coisas, dentre todas, que nos parecem as mais horríveis. Uma criança, quando já passou do estágio infantil, mas ainda encara o mundo com o olhar fresco, é impactada pelo horror quase tão frequentemente quanto pelo deslumbramento – horror de ranho e cuspe, do excremento de cães na rua, do sapo morto cheio de vermes, do cheiro de suor dos adultos, da feiura dos homens velhos, com suas cabeça careca e nariz bulboso. Em sua interminável insistência em doença, da sujeira e da deformidade, Swift não está inventando nada, está meramente excluindo alguma coisa. O comportamento humano também, especialmente na política, é tal como ele descreve, embora contenha outros fatores importantes que ele se recusa a admitir. Até onde podemos ver, tanto o horror quanto o sofrimento são necessários à continuidade da vida neste planeta e, portanto, há abertura para que pessimistas como Swift digam: "Se o horror e o sofrimento devem sempre estar conosco, como a vida pode ser significativamente melhorada?". Sua atitude é com efeito a atitude cristã, descontado o suborno de um "outro mundo" – o qual, entretanto, provavelmente tem menos influência sobre a mente dos crentes do que a convicção de que este é um vale de lágrimas e a cova é um local de descanso. Essa é, estou seguro, uma atitude errada, e que poderia ter efeitos nocivos sobre o comportamento; mas algo em nós responde a ela, assim como responde às palavras tristes em um funeral e ao cheiro adocicado de cadáveres em um cemitério.

Muitas vezes se argumenta, ao menos pelas pessoas que admitem a importância do assunto, que um livro não pode ser "bom" se expressa uma visão palpavelmente falsa da vida. Somos informados de que em nossa própria época, por exemplo, qualquer livro que tenha méritos literários genuínos será de tendência mais ou menos "progressista". Isso ignora o fato de que ao longo da história uma batalha parecida entre progresso e retrocesso vem se desenrolando ferozmente, e que os melhores livros de uma era sempre foram escritos de vários pontos de vista diferentes, alguns palpavelmente mais falsos do que outros. Na medida em que um escritor é um propagandista, o máximo que se pode pedir dele é que acredite genuinamente no que está dizendo, e que não seja algo flagrantemente tolo. Hoje, por exemplo, pode-se imaginar um bom livro sendo escrito por um católico, um comunista, um fascista, um pacifista, um anarquista, talvez por um liberal à moda antiga ou um conservador comum: não se pode imaginar um bom livro sendo escrito por um espiritualista, um buchamanista[48] ou um membro da Ku-Klux-Klan. As opiniões de um escritor devem ser compatíveis com a sanidade, no sentido médico, e com a capacidade do pensamento contínuo: além disso, o que pedimos dele é talento, que provavelmente é outro nome para convicção. Swift não tinha uma sensatez comum, mas ele possuía uma intensidade de visão terrível, capaz de escolher uma única verdade oculta e depois ampliá-la e distorcê-la. A longevidade de *As viagens de Gulliver* vem demonstrar que, se tem a força da crença atrás de si, uma visão de mundo que mal passa pelo teste de sanidade é suficiente para produzir uma grande obra de arte.

1946

---

[48] Buchmanismo é outro nome para "rearmamento moral", um movimento mundial pela renovação moral e espiritual fundado em 1938 pelo norte-americano Franklin Nathaniel Daniel Buchman (1878-1961). (N.T.)

A POLÍTICA E A LÍNGUA INGLESA

A maioria das pessoas que se dão ao trabalho de pensar no assunto admitiria que a língua inglesa está em mau estado, mas em geral se supõe que, por meio de ações conscientes, nada podemos fazer a respeito. Nossa civilização está em decadência, e nossa língua – assim diz o argumento – deve inevitavelmente compartilhar do colapso geral. Decorre que qualquer esforço contra o abuso da língua é um arcaísmo sentimental, como preferir velas a luz elétrica ou charretes a aviões. Por baixo disso, repousa a crença semiconsciente de que a língua é um produto natural, e não um instrumento que moldamos para nossos próprios objetivos.

Agora, é claro que o declínio da língua deve em última análise ter causas políticas e econômicas: não é devido simplesmente à má influência deste ou daquele escritor individual. Mas um efeito pode tornar-se uma causa, reforçando a causa original e produzindo o mesmo efeito de modo intensificado, e assim indefinidamente. Um homem pode começar a beber por se sentir um fracassado e depois fracassar ainda mais pelo fato de beber. É relativamente a mesma coisa que está acontecendo com a língua inglesa. Ela se torna feia e imprecisa porque nossos pensamentos são tolos, mas o desleixo da nossa linguagem também torna mais fácil termos pensamentos tolos. O ponto é que o processo é reversível. O inglês moderno, especialmente o inglês escrito, é cheio de maus hábitos, que se disseminam por imitação e podem ser evitados se uma pessoa se dispuser a enfrentar a questão. Ao livrar-se de tais hábitos, pode-se pensar com mais clareza, e pensar com mais clareza é um necessário primeiro passo rumo à regeneração política: então a luta contra o mau inglês não é frívola nem uma preocupação exclusiva de escritores profissionais. Voltarei a isso em breve, e espero que até lá o sentido do que afirmei tenha se tornado mais claro. Enquanto isso, aqui vão cinco espécimes da língua inglesa conforme são normalmente escritos agora.

Essas cinco passagens não foram escolhidas por serem especialmente ruins – eu citaria outras bem piores, se quisesse –, mas por ilustrarem vários dos vícios mentais dos quais nós agora sofremos. Elas ficam um pouco abaixo da média, mas são amostras bastante representativas. Vou numerá-las para poder me referir a elas quando necessário:

1. *Eu, de fato, não estou seguro de não ser verdadeiro dizer que o Milton que antes parecia não dessemelhante a um Shelley do século XVII não havia se tornado, a partir de uma experiência a cada ano mais amarga, mais alheio [sic] ao fundador daquela seita jesuíta que nada poderia induzi-lo a tolerar.*

   Professor Harold Laski (*Ensaio em Freedom of Expression*)

2. *Acima de tudo, nós não podemos desperdiçar uma bateria de expressões idiomáticas que prescreve tais colocações egrégias de vocábulos, como o básico aguentar por tolerar ou perdido por desnortear.*

   Professor Lancelot Hogben (*Interglossa*)

3. *De um lado, temos a personalidade livre: por definição, ela não é neurótica, pois não possui conflito nem sonho. Seus desejos, tais como são, são transparentes, pois são exatamente o que a*

aprovação institucional mantém no primeiro plano da consciência; outro padrão institucional alteraria sua quantidade e intensidade; há pouco neles que é natural, irredutível ou culturalmente perigoso. Mas por outro lado o vínculo social em si é nada além do reflexo mútuo dessas integridades autoconfiantes. Lembrem-se da definição de amor. Não é o retrato exato de um pequeno acadêmico? Onde há um lugar, nesse salão de espelhos, seja para a personalidade ou para a fraternidade?

Ensaio sobre psicologia em *Politics* (Nova Iorque)

4. *Todas as "melhores pessoas" dos clubes de cavalheiros, e todos os desarvorados capitães fascistas, unidos pelo ódio comum ao socialismo e ao horror bestial à maré crescente do movimento revolucionário das massas, voltaram-se para atos de provocação, ao incendimento sórdido, às lendas medievais de poços envenenados, à legalização da própria destruição das organizações proletárias, ao incitamento da pequena burguesia ao fervor chauvinista em favor da crença na luta contra o modo revolucionário de sair da crise.*

Panfleto comunista

5. *Se um novo espírito há de ser infundido neste velho país, há uma reforma espinhosa e contenciosa que deve ser abordada, e é a humanização e a galvanização da BBC. Contenção, aqui, vai indicar câncer e atrofia da alma. O coração da Grã-Bretanha pode ser sadio e de batimento forte, por exemplo, mas o rugido do leão britânico no presente é como o de Bottom em* Sonho de uma noite de verão, *de Shakespeare – tão delicado quanto qualquer filhote de pomba. Uma nova Grã-Bretanha viril não pode continuar indefinidamente a ser traduzida aos olhos, ou melhor, aos ouvidos do ***mundo, pelos langores esgotados de Langham Place, descaradamente mascarados de "inglês padrão". Quando o "Voz da Grã-Bretanha" é ouvido às nove horas, muito melhor e infinitamente menos burlesco seria ouvir agás sendo honestamente*

pronunciados do que o atual zurro arquejado pedante, inflado, inibido, escolar, de miantes donzelas inocentes!

Carta no *Tribune*

Cada uma dessas passagens tem falhas próprias, mas, à parte a feiura evitável, duas qualidades são comuns a todas. A primeira é o mofo das imagens; a outra é a falta de precisão. O escritor ou tem um objetivo e não consegue expressá-lo, ou ele inadvertidamente diz algo distinto, ou é quase indiferente ao fato de suas palavras significarem alguma coisa ou não. Essa mistura de imprecisão e franca incompetência é a característica mais marcada da prosa inglesa moderna, e em especial em qualquer tipo de texto político. Assim que certos tópicos são levantados, o concreto se funde ao abstrato e ninguém parece capaz de pensar em mudanças de discurso que não estejam desgastadas: a prosa consiste cada vez menos de palavras escolhidas pelo que significam e cada vez mais de frases encaixadas como partes pré-fabricadas de um galinheiro. Listarei a seguir, com notas e exemplos, vários dos truques por meio dos quais o trabalho de construção da prosa é habitualmente evitado:

METÁFORAS AGONIZANTES. Uma metáfora recentemente inventada ajuda o pensamento ao evocar uma imagem visual, enquanto, em contrapartida, uma metáfora que esteja tecnicamente "morta" (por exemplo: determinação de ferro) voltou de fato a ser uma palavra comum e pode geralmente ser usada sem perda de vivacidade. Mas entre essas duas categorias existe um estoque de metáforas desgastadas, que perderam todo o seu poder evocativo, e são usadas meramente porque poupam às pessoas o trabalho de inventar novas. Exemplos: *trocar seis por meia dúzia, até as últimas consequências, seguir a manada, fazer o que dá na telha, estar ombro a ombro com, dar murro em ponta de faca, moedor de gente, boi de piranha, pescando em águas turvas, na ordem do dia, calcanhar de Aquiles, canto do cisne, viveiro.* Muitas dessas expressões são usadas sem o conhecimento do que significam (o que é "joio", por exemplo?) e metáforas incompatíveis são com frequência misturadas, um sinal claro de que o autor não está interessado no que está dizendo. Algumas metáforas agora comuns tiveram seu sentido original distorcido sem que aqueles que as usam tenham ciência do fato. Por exemplo, algumas vezes se escreve *pensando em águas fundas* em lugar de *pescando em águas turvas*. Outro exemplo é *o martelo e a bigorna*, agora sempre usada implicando que a bigorna leva a pior. Na vida real, é sempre a bigorna que racha o martelo, nunca o contrário: um escritor que parasse para pensar no que está dizendo teria ciência disso e evitaria subverter a frase original.

OPERADORES OU FALSAS MULETAS VERBAIS. Evitam o trabalho de escolher verbos e substantivos adequados e ao mesmo tempo estofam cada frase com sílabas extras que dão uma aparência de simetria. Frases características são: *tornar inoperante, militar contra, fazer contato com, estar sujeito a, dar ensejo a, dar razões para, ter o efeito de, desempenhar um papel (função) fundamental em, fazer-se sentir, produzir efeito, exibir tendência a, servir ao propósito de*, etc., etc. A tônica é a eliminação dos verbos simples. Em vez de ser uma palavra única, como *quebrar, parar, estragar, remendar, matar*, um verbo se torna uma *frase*, feita de um substantivo ou um adjetivo engatado a alguns verbos de uso geral como *provar, servir, formar, jogar, tornar*. Além disso, a voz passiva é sempre que possível usada no lugar da ativa, e construções substantivas são usadas em lugar dos gerúndios (*pelo exame de* em vez de *examinando*). A quantidade dos verbos é ainda mais reduzida pelas formações com *izar* e *de*, e afirmações banais ganham uma aparência de profundidade pelo uso de construções com *não in-*. Simples conjunções e preposições são substituídas por frases como *com respeito a, em referência a, ao fato de que, por força de, em vista de, no interesse de, na hipótese de*; e o final das frases é salvo do anticlímax por lugares-comuns retumbantes como *altamente desejável, não pode ser desconsiderado, um desdobramento esperado para o futuro próximo, merecendente de sérias considerações, levado até uma conclusão satisfatória*, e assim por diante.

ESTILO PRETENSIOSO. Palavras como *fenômeno, elemento, individual (como substantivo), objetivo (como adjetivo), categórico, efetivo, virtual, básico, primário, promover, constituir, exibir, explorar, utilizar, eliminar, liquidar* são usadas para enfeitar afirmações simples e dar ares de imparcialidade científica a julgamentos enviesados. Adjetivos como *memorável, épico, histórico, inesquecível, triunfante, antiquíssimo, inevitável, inexorável, verídico* são usados para dignificar os processos sórdidos da política internacional, enquanto textos que visam a glorificar a guerra normalmente assumem uma coloração arcaica, sendo palavras características: *reino, trono, carruagem, punho armado, tridente, espada, escudo, carapaça, estandarte, domínio, trombeta.* Palavras e expressões estrangeiras tais como *cul de sac, ancien régime, deus ex machina, mutatis mutandis, status quo, Gleichschaltung, Weltanschauung* são usadas para dar um ar de cultura e elegância. Exceto pelas abreviações úteis, *i.e., e.g.,* e *etc.,* não existe necessidade real para nenhuma das centenas de frases estrangeiras agora em uso em inglês. Escritores ruins, e em especial escritores de conteúdo científico, político e sociológico, são quase sempre perseguidos pela ideia de que palavras latinas ou gregas são mais grandiosas do que as saxãs, e palavras desnecessárias como *expedito, aperfeiçoar, predizer, extrínseco, desenraizar, clandestino* e *subaquático* e centenas de outras estão constantemente roubando terreno de suas contrapartes anglo-saxônicas[49]. O jargão típico do texto marxista (*hiena, carrasco, canibal, pequeno-burguês, baixa nobreza, lacaio, pelego, cão raivoso, Guarda Branca,* etc.) consiste em grande medida de palavras e frases traduzidas do russo, alemão ou francês; mas o modo normal de cunhar uma nova palavra é usar uma raiz latina ou grega com o acréscimo adequado e, onde necessário, a terminação *ize*. Também é com frequência mais fácil criar palavras desse tipo (*desregionalizar, impermissível, extramarital, não fragmentário,* e assim por diante) do

---

[49] Um exemplo interessante que ilustra isso é o modo como os nomes de flores inglesas usados até bem recentemente foi desbancado por nomes gregos, a *boca-de-leão* se tornando *antirrhinum, não-me-esqueças* virando *miosótis,* etc. É difícil enxergar alguma razão prática para essa mudança: ela se deve provavelmente a um recuo instintivo da palavra mais caseira em uma sensação vaga de que a palavra grega é científica. (N.A.)

que pensar em palavras em inglês que transmitam o sentido. O resultado, em geral, é um aumento no desleixo e na imprecisão.

PALAVRAS SEM SENTIDO. Em certos tipos de texto, em particular na crítica de arte e na crítica literária, é normal encontrar longas passagens quase totalmente desprovidas de sentido[50]. Palavras como *romântico*, *valores plásticos*, *humano*, *morto*, *sentimental*, *vitalidade natural*, tal como usadas na crítica de arte, são estritamente inexpressivas, no sentido de que não apenas elas não apontam para nenhum objeto discernível, mas também que o leitor não espera que elas façam isso. Quando um crítico escreve "O traço mais marcante do trabalho do senhor X é sua vivacidade" e outro escreve "O que imediatamente chama atenção no trabalho do senhor X é sua apatia", o leitor aceita isso como uma simples diferença de opinião. Se palavras como *preto* e *branco* estivessem envolvidas, em lugar dos jargões *vivacidade* e *apatia*, ele perceberia de imediato que a língua estava sendo usada de um modo impróprio. Muitas palavras políticas são abusadas de forma semelhante. A palavra *fascismo* não tem significado agora além de "uma coisa não desejável". As palavras *democracia*, *socialismo*, *liberdade*, *patriótico*, *realista*, *justiça* têm, cada uma, vários significados diferentes, que não podem ser reconciliados um com o outro. No caso de uma palavra como *democracia*, não apenas não há definição consensual como a tentativa de estabelecer uma definição enfrenta resistência de todos os lados. É quase universal a percepção de que, ao chamarmos um país de democrático, estamos fazendo um elogio; consequentemente, os defensores de todo tipo de regime alegam que se trata de uma democracia, e temem que precisariam parar de usar essa palavra se ela estivesse amarrada a um significado. Palavras desse tipo são com frequência usadas de um modo conscientemente desonesto. Ou seja, a pessoa que a utiliza tem

---

[50] Exemplo: "A catolicidade da percepção e imagem de Comfort, estranhamente whitmanesca em alcance, quase o exato oposto em compulsão estética, continua a evocar aquela alusão atmosférica acumulativa trêmula de uma atemporalidade cruel, inexoravelmente serena... Wrey Gardiner acerta ao mirar com precisão em alvos simples. Só que eles não são tão simples, e através de sua tristeza contente corre mais do que a superfície agridoce da resignação. (N.A.)

a própria definição particular para ela, mas permite que o interlocutor pense que ela quer dizer algo bem diferente. Afirmações como *O marechal Pétain era um verdadeiro patriota, A imprensa russa é a mais livre do mundo, A Igreja Católica se opõe à perseguição* são quase sempre feitas com a intenção de enganar. Outras palavras empregadas com sentido variável, na maioria dos casos mais ou menos desonesto, são: *classe, totalitário, ciência, progressista, reacionário, burguês, igualdade.*

Agora que fiz este catálogo de trapaças e perversões, deixem-me dar outro exemplo do tipo de texto ao qual elas levam. Desta vez ele precisa, pela própria natureza, ser imaginário. Vou traduzir uma passagem de inglês bom em inglês moderno do pior tipo. Aqui está um verso bem conhecido do Eclesiastes:

> *Eu voltei e vi sob o sol que a corrida não é para os velozes, nem a batalha, para os fortes; nem ainda o pão para os sábios, nem ainda as riquezas para os homens instruídos, nem os favores aos homens hábeis; mas que o tempo e o acaso afetam a todos.*

E aqui em inglês moderno:

> *Considerações objetivas de fenômenos contemporâneos compelem à conclusão de que o sucesso ou o fracasso em atividades competitivas não exibe nenhuma tendência a ser comensurável com a capacidade inata, mas que um elemento considerável de imprevisibilidade deverá inevitavelmente ser levado em consideração.*

Isso é uma paródia, mas não muito grosseira. A amostra (3), acima, por exemplo, contém vários trechos do mesmo tipo de inglês. Note-se que eu não fiz uma tradução integral. O começo e o fim da sentença seguem o significado original bem de perto, mas, no meio, as imagens concretas – corrida, batalha, pão – se dissolvem na frase vaga "sucesso ou fracasso em atividades competitivas". Isso precisava ser assim, porque nenhum escritor moderno do tipo que estou abordando – nenhum capaz de usar frases como "considerações objetivas de fenômenos contemporâneos – iria jamais tabular seus pensamentos daquele modo preciso e detalhado. Toda a tendência da prosa moderna se afasta da concretude. Agora, analise essas duas sentenças mais de perto. A primeira contém [em inglês] quarenta e nove palavras, mas apenas sessenta sílabas, e todas são palavras cotidianas. A segunda contém trinta e oito palavras e noventa sílabas: dezoito de suas palavras têm raízes latinas e uma, grega. A primeira sentença contém seis imagens vívidas e só uma frase (tempo e acaso) que poderia ser chamada de "vaga". A segunda não contém uma só frase fresca e envolvente e, apesar de suas noventa sílabas, oferece apenas uma versão resumida do significado contido na primeira. Ainda assim, sem dúvida, é o segundo tipo de sentença que vem ganhando terreno no inglês moderno. Eu não quero exagerar. Esse tipo de texto ainda não é universal, e afloramentos de simplicidade vão ocorrer aqui e ali mesmo na página mais mal escrita. Mesmo assim, se dissessem a você ou a mim para escrever umas poucas linhas acerca das incertezas da sorte humana, nós provavelmente chegaríamos muito mais perto da minha sentença imaginária do que daquela do Eclesiastes.

Conforme tentei demonstrar, o texto moderno, no que tem de pior, não consiste na escolha de palavras com base no que significam e na criação de imagens que tornem o significado mais claro. Consiste na colagem de longas filas de palavras que já foram postas em ordem por outra pessoa, e em tornar os resultados apresentáveis por meio do mais explícito embuste. O apelo desse modo de escrever é que é fácil. É mais fácil – até mais rápido, uma vez que se adquira o hábito – dizer *Na minha opinião, não é um pressuposto injustificado que* do que dizer *Eu acho*. Se você usa frases prontas, não apenas não precisa caçar palavras: você também não precisa se incomodar com o ritmo de suas sentenças, já que essas frases são em geral combinadas de modo a ser mais ou menos eufônicas. Quando se está escrevendo com pressa – quando está ditando para um estenógrafo, por exemplo, ou fazendo um discurso em público –, é natural cair em um estilo latinizado, pretensioso. Lugares-comuns como *uma consideração que faríamos bem em manter em mente* ou *uma conclusão com a qual todos nós concordaríamos prontamente* vão poupar muitas frases de uma queda súbita. Ao usar metáforas, símiles e expressões idiomáticas desgastadas, você poupa muito esforço mental, ao custo de deixar vago o sentido pretendido, não só para o leitor, mas também para si mesmo. Essa é a consequência de metáforas misturadas. O único propósito de uma metáfora é evocar uma imagem visual. Quando essas imagens trombam – como em *O polvo fascista entoou o canto do cisne*, ou *a brutalidade caiu no caldeirão* –, pode-se dar como certo que o escritor não está vendo a imagem mental dos objetos que está mencionando; em outras palavras, ele não está de fato refletindo. Olhe de novo os exemplos que dei no início deste ensaio. O professor Laski (1) usa cinco negativas em cinquenta e três palavras [em inglês]. Uma delas é supérflua, tornando absurda a passagem inteira, e para piorar há o deslize de "alheio" em lugar de "próximo", agravando o absurdo, e diversas outras partes canhestras evitáveis que aumentam a imprecisão geral. O professor Hogben desperdiça uma bateria que é capaz de redigir prescrições e, ao mesmo tempo em que desaprova o cotidiano "aguentar", não está disposto e procurar "egrégio" no dicionário para ver o que significa. O (3), se assumirmos uma atitude não caritativa em relação a ele, é simplesmente sem sentido: provavelmente, seria possível extrair o significado pretendido, caso se lesse o artigo inteiro em que ele aparece. No (4), o escritor sabe mais ou menos o que quer dizer, mas um acúmulo de frases desgastadas o entope como folhas de chá entupindo o ralo da pia. No (5), palavras e significados quase romperam relações. Pessoas que escrevem desse jeito geralmente têm um propósito emocional geral: elas desgostam de uma coisa e querem expressar simpatia pela outra, mas não estão interessadas no detalhe do que estão dizendo. Um escritor escrupuloso, em cada frase que escreve, vai fazer a si mesmo ao menos quatro perguntas, quais sejam: *O que estou tentando dizer? Quais palavras vão expressar isso? Qual imagem ou expressão tornará isso mais claro? Essa imagem tem frescor suficiente para produzir efeito?* E ele provavelmente fará ainda outras duas: *Consigo resumir? Falei algo feio que pode ser evitado?* Mas você não é obrigado a ter todo esse trabalho. Você consegue se esquivar dele simplesmente escancarando a cabeça e deixando que as frases feitas a inundem. Elas vão construir suas sentenças por você – e até seus pensamentos, em certa medida – e, se necessário, prestarão o importante serviço de esconder parcialmente sua intenção até de você mesmo. É neste ponto que a conexão especial entre a política e a depreciação da língua se torna clara.

É amplamente verdadeiro que em nossa época o texto político é um texto ruim. Onde isso não é verdadeiro em geral se descobre que o escritor é um tipo de rebelde, expressando opiniões pessoais, e não a "linha do partido". A ortodoxia de qualquer matiz parece exigir um estilo sem vida e imitativo. Os dialetos políticos encontrados em panfletos, artigos de destaque, manifestos, documentos oficiais e discursos de subsecretários variam, é claro, de partido para partido, mas eles são todos parecidos no sentido de quase nunca se encontrar neles o tom de um discurso fresco, vibrante e caseiro. Quando se observa um charlatão cansado na tribuna, repetindo mecanicamente frases conhecidas – *atrocidades bestiais, tacão de ferro, tirania manchada de sangue, povos livres do mundo, estar ombro a ombro* –, tem-se com frequência a curiosa sensação de estar vendo não um ser humano vivo, mas um tipo de manequim: uma sensação que de repente se torna mais forte nos momentos em que a luz bate nos óculos do orador e os transforma em discos vazios atrás dos quais parece não haver olhos. E isso não é de todo falso. Um orador que usa esse tipo de fraseologia avançou uma boa distância na direção de se transformar em uma máquina. Os sons adequados saem de sua laringe, mas seu cérebro não está envolvido como estaria se ele estivesse escolhendo pessoalmente as palavras. Se o discurso que ele está fazendo é um que ele está acostumado a repetir vezes sem conta, ele pode estar quase inconsciente do que está dizendo, como alguém que repete respostas na igreja. E esse estado reduzido de consciência, se não é indispensável, é no mínimo favorável à conformidade política.

Em nossa época, o discurso e o texto político são em grande medida a defesa do indefensável. Coisas como a continuidade do domínio britânico na Índia, os expurgos e deportações na Rússia, o lançamento de bombas atômicas sobre o Japão podem de fato ser defendidas, mas apenas por argumentos brutais demais para que a maioria das pessoas os encare, e que não se coadunam com os objetivos declarados dos partidos políticos. Assim, a linguagem política precisa se compor em grande medida de eufemismos, afirmações falaciosas e imprecisões abertamente nebulosas. Vilarejos indefesos são bombardeados do ar; os habitantes, expulsos para o campo; o gado, metralhado; as choupanas, queimadas por projéteis incendiários: isso se chama *pacificação*. Milhões de camponeses são roubados de suas terras e enviados marchando pelas estradas com não mais do que o que conseguem carregar: isso é chamado de *transferência de população* ou *retificação de fronteiras*. As pessoas ficam presas por anos sem julgamento, ou são baleadas na nuca ou enviadas para morrer de escorbuto em campos de extração de madeira no Ártico: isso é chamado de *eliminação de elementos não confiáveis*. Tal fraseologia é necessária quando se quer dar nome às coisas sem evocar as respectivas imagens mentais. Considere por exemplo um acadêmico inglês de vida econômica confortável defendendo o totalitarismo russo. Ele não pode dizer abertamente "Acredito em matar seus oponentes se você puder obter bons resultados ao fazer isso". Portanto, ele provavelmente dirá algo parecido com isto:

"Ao mesmo tempo que concebemos livremente que o regime soviético exibe certos traços que os humanistas podem se sentir inclinados a deplorar, nós devemos, eu acho, concordar que certa redução ao direito de oposição política é um acompanhamento inevitável dos períodos de transição, e que os rigores aos quais o povo russo foi convocado a se submeter foram amplamente justificados na esfera das conquistas concretas".

O estilo inchado é em si mesmo um tipo de eufemismo. Uma massa de palavras latinas cai sobre os fatos como neve, borrando os contornos e encobrindo todos os detalhes. O grande inimigo da linguagem clara é a insinceridade. Quando existe um hiato entre os objetivos reais e os objetivos declarados de uma pessoa, ela se volta instintivamente para palavras compridas e expressões desgastadas, como um molusco esguichando tinta. Em nossa época, não existe "manter-se fora da política". Todas as questões são questões políticas, e a política em si é uma massa de mentiras, evasivas, loucura, ódio e esquizofrenia. Quando a atmosfera geral é ruim, a língua sofre. Eu esperaria descobrir – este é um palpite que não tenho suficiente conhecimento para checar – que as línguas alemã, russa e italiana se deterioraram nos últimos dez ou quinze anos em resultado da ditadura.

Mas se o pensamento corrompe a língua, a língua também pode corromper o pensamento. Um mau uso pode espalhar-se por tradição e imitação, mesmo entre pessoas que deveriam saber mais e agir melhor. A língua depreciada que venho abordando é de algumas maneiras muito conveniente. Frases como *uma presunção não de todo injustificada deixa muito a desejar, não serviria a nenhum bom propósito, uma consideração que faríamos bem em manter em mente* são uma tentação contínua, uma caixa de aspirinas sempre à mão. Releia este ensaio e é certo que você descobrirá que repetidas vezes eu cometi exatamente as mesmas falhas contra as quais estou protestando. Junto com o jornal, eu recebi na manhã de hoje um panfleto sobre as condições na Alemanha. O autor me conta que "se sentiu impelido" a escrevê-lo. Abro-o ao acaso e eis quase a primeira frase que vejo: "(Os Aliados) têm a oportunidade não apenas de conseguir uma transformação radical da estrutura social e política da Alemanha de forma a evitar uma reação nacionalista na própria Alemanha, mas de ao mesmo tempo lançar as fundações para uma Europa cooperativa e unificada". Veja, ele "se sente impelido" a escrever – supostamente, sente que tem algo inédito a dizer –; no entanto, suas palavras, como os animais da cavalaria reagindo ao clarim, agrupam-se automaticamente no temerário padrão conhecido. Essa invasão da mente pelas frases prontas (lançar as fundações, conseguir uma transformação radical) só pode ser evitada se a pessoa se proteger constantemente contra elas, e cada frase dessa anestesia uma parte de seu cérebro.

Afirmei anteriormente que a decadência da nossa linguagem provavelmente tem cura. Aqueles que negam isso argumentariam, se chegassem a produzir um argumento, que a língua meramente reflete as condições sociais existentes, e que não podemos influenciar seu desenvolvimento por nenhum tipo de ajuste direto nas palavras e nas construções. No que se refere ao tom ou ao espírito geral da língua, isso pode ser verdade, mas não é verdade no detalhe. Palavras e expressões bobas muitas vezes sumiram, não através de algum processo evolutivo, mas graças à ação consciente de uma minoria. Dois exemplos recentes, *explorar todas as possibilidades* e *não deixar pedra sobre pedra*, foram mortos pela sátira de uns poucos jornalistas. Há uma longa lista de metáforas imprestáveis que poderiam ser eliminadas de modo parecido se um número suficiente de pessoas estivesse interessado no trabalho; também deveria ser possível expulsar da existência, por meio da risada, a formação *não des-*[51], reduzir a quantidade de latim e de grego na sentença comum, banir frases estrangeiras e termos científicos deslocados e, no geral, fazer da pretensão algo brega. Mas todos esses são aspectos menores. A defesa da língua inglesa implica mais do que isso, e talvez seja melhor começar dizendo o que ela *não* implica.

Para começar, ela não tem nada a ver com arcaísmo, com o resgate de palavras e lugares-comuns obsoletos, nem com o estabelecimento de um "inglês padrão" do qual nunca se afastar. Ao contrário, ela se preocupa especialmente com a eliminação de todas as palavras ou expressões cuja utilidade se esgotou. Não tem nada a ver com gramática ou sintaxe corretas, pois isso não tem importância desde que a intenção fique clara, nem com evitar americanismos ou com ter o que é chamado de "um bom estilo de prosa". Em contrapartida, ela não se preocupa com a falsa simplicidade nem a tentativa de tornar coloquial o inglês escrito. Tampouco ela implica em todos os casos preferir a palavra saxã à latina, embora implique, sim, usar o menor número de palavras, e as mais curtas, capazes de transmitir o sentido. O que é necessário, acima de tudo, é deixar que o significado

---

[51] Uma pessoa pode curar-se da formação *não des-* ao memorizar esta sentença: Um cachorro não despreto estava perseguindo um coelho não despequeno por um campo não desverde. (N.A.)

escolha a palavra, e não o inverso. Em prosa, a pior coisa que alguém pode fazer com as palavras é render-se a elas. Quando você pensa em um objeto concreto, pensa sem palavras e depois, se quer descrever a coisa que visualizou, provavelmente vai procurar até encontrar as palavras exatas que pareçam se encaixar. Quando você pensa em algo abstrato, está mais propenso a usar palavras desde o início, e, a menos que faça um esforço consciente para evitar isso, o dialeto já existente vai entrar correndo em cena e fazer o trabalho por você, ao custo de borrar ou até alterar sua intenção. Provavelmente é melhor abrir mão de usar palavras tanto quanto possível, e por meio de imagens e sensações tornar o significado o mais claro que se conseguir. Então se pode escolher, não apenas *aceitar*, as frases que melhor vão dar conta do sentido, e depois mudar de enfoque e decidir que impressão suas palavras vão provocar em outra pessoa. Esse último esforço mental elimina todas as imagens desgastadas ou misturadas, as frases pré-fabricadas, repetições desnecessárias e farsas e imprecisões em geral. Mas pode haver dúvidas sobre o efeito de uma palavra ou frase, então são necessárias regras que possamos usar quando os instintos falham. Creio que estas regras cobrem a maior parte dos casos:

- Nunca use uma metáfora, símile ou outra figura de linguagem que esteja acostumado a ver impressa.
- Nunca use uma palavra longa quando uma curta bastar.
- Se for possível cortar uma palavra, corte sempre.
- Nunca use a voz passiva onde puder usar a ativa.
- Nunca use uma expressão estrangeira, palavra científica ou um jargão se puder pensar em um equivalente cotidiano em inglês.
- Quebre qualquer uma dessas regras antes de dizer uma total barbaridade.

Essas regras parecem elementares e são, mas exigem uma profunda mudança de atitude de qualquer um que tenha se acostumado a escrever no estilo agora em moda. Ainda é possível segui-las e escrever em inglês ruim, mas não se poderia escrever o tipo de coisa que citei nos cinco exemplares do início deste artigo.

Eu não considerei aqui o uso literário da linguagem, mas apenas a língua como instrumento de expressão do pensamento, e não de ocultação ou impedimento a ele. Stuart Chase e outros chegaram perto de alegar que todas as palavras abstratas são sem sentido e usaram isso como pretexto para advogar um tipo de quietismo político. Já que você não sabe o que é fascismo, como pode lutar contra o fascismo? Não é preciso engolir absurdos como este, mas seria necessário reconhecer que o atual caos político está conectado com a decadência da língua e que provavelmente se consegue obter alguma melhoria começando pelo aspecto verbal. Se você simplifica o seu inglês, fica livre das piores loucuras da ortodoxia. Você não pode falar nenhum dos dialetos necessários e, quando fizer um comentário estúpido, a estupidez dele ficará óbvia, até para você mesmo. A linguagem política – e com variações isso é verdade para todos os partidos políticos, dos conservadores aos anarquistas – é projetada para fazer mentiras soar verdadeiras e tornar o assassinato respeitável e dar uma aparência de solidez ao mais puro vento. No momento não se pode mudar isso, mas pode-se ao menos modificar os próprios hábitos, e de tempos em tempos pode-se até, se a pessoa rir alto o suficiente, mandar algumas frases inúteis e desgastadas – algum *tacão*, algum *calcanhar de Aquiles*, um *viveiro*, *caldeirão*, *teste ácido*, *verdadeiro inferno* ou outro amontoado de refugo verbal – para a lixeira à qual elas pertencem.

1946

A PREVENÇÃO CONTRA A LITERATURA

Cerca de um ano atrás, participei de um encontro do PEN Club[52], sendo o motivo o tricentenário da *Areopagítica* de Milton[53] – um panfleto, deve-se lembrar, em defesa da liberdade de imprensa. A famosa frase de Milton sobre o pecado de "matar" um livro estava impressa nos folhetos que anunciavam o encontro e haviam circulado de antemão.

Havia quatro oradores no tablado. Um deles fez um discurso que abordava a liberdade de imprensa, mas só em relação à Índia; outro disse, com hesitação e em termos muito gerais, que a liberdade era uma coisa boa; o terceiro atacou as leis relacionadas à obscenidade na literatura. O quarto dedicou a maior parte de sua fala à defesa dos expurgos russos. Entre os participantes na plateia, alguns voltaram à questão da obscenidade e das leis que tratam dela, outros foram simples louvores à Rússia soviética. A liberdade moral – a liberdade de discutir francamente as questões sexuais

---

[52] Clube internacional de escritores fundado em Londres em 1921. PEN corresponde e *poets, essayists and novelists*, ou poetas, ensaístas e romancistas. (N.T.)
[53] John Milton, intelectual inglês (1608-1674). A obra *Areopagítica* é de 1644. (N.T.)

na imprensa – pareceu gozar de aprovação geral, mas a liberdade política não foi mencionada. Em meio àquela confluência de várias centenas de pessoas, das quais talvez metade estivesse diretamente relacionada ao negócio da escrita, não houve uma única capaz de chamar atenção para o fato de que a liberdade de imprensa, se é que significa alguma coisa, significa a liberdade de criticar e se opor. Significativamente, nenhum orador citou o panfleto que estava sendo ostensivamente comemorado. Tampouco foram mencionados os vários livros "mortos" neste país e nos Estados Unidos durante a guerra. Ao fim e ao cabo, o efeito do encontro foi uma demonstração em favor da censura[54].

Não houve nada especialmente surpreendente nisso. Em nossa época, a ideia de liberdade intelectual está sob ataque em duas frentes. De um lado estão seus inimigos teóricos, os apologistas do totalitarismo, e do outro, seus inimigos práticos imediatos, o monopólio e a burocracia. Qualquer escritor ou jornalista que queira preservar sua integridade vê-se impedido pela propensão geral da sociedade mais do que pela perseguição ativa. As coisas que estão trabalhando contra ele são a concentração da imprensa nas mãos de uns poucos homens ricos, o monopólio do rádio e dos filmes, a falta de disposição do público para gastar dinheiro com livros, tornando necessário a quase todo escritor obter uma parte de sua renda escrevendo por encomenda, a intromissão de órgãos oficiais como o Ministério da Informação o British Council, que ajudam a manter o escritor vivo, mas também desperdiçam o tempo dele e ditam suas opiniões e a contínua atmosfera de guerra dos últimos dez anos, de cujos efeitos tortuosos ninguém conseguiu escapar. Tudo em nosso tempo conspira para transformar o escritor, bem como todos os outros tipos de artista, em um funcionário menor, que desenvolve temas passados a ele por instâncias superiores que nunca lhe revelam o que a ele parece ser a verdade completa. Mas

---

[54] É justo dizer que as comemorações do PEN Club, que duraram uma semana ou mais, nem sempre mantiveram exatamente o nível. Eu por acaso participei em um dia ruim. Mas uma análise dos discursos (impressos sob o título *Liberdade de expressão*) demonstra que quase ninguém em nossa própria época é capaz de falar francamente em favor da liberdade intelectual quanto Milton falou, trezentos anos atrás – e isso apesar de Milton escrever em um período de guerra civil. (N.A.)

ao lutar contra esse destino ele não obtém nenhuma ajuda do próprio lado: isto é, não existe um grande corpo opinativo que lhe assegure estar certo. No passado, ou ao menos durante os séculos de protestantismo, a ideia de rebelião e a ideia de integridade intelectual eram mescladas. Um herético – político, moral, religioso ou estético – era quem se recusava a violentar a própria consciência. Sua perspectiva era resumida nas palavras do hino revivalista[55]:

Ouse ser um Daniel
Ouse resistir sozinho;
Ouse ter firmeza de propósito,
Ouse tornar isso conhecido.

Para atualizar esse hino, seria necessário acrescentar um "não" ao início de cada verso. Pois é a peculiaridade da nossa época que os rebeldes contra a ordem existente, ao menos os mais numerosos e típicos entre eles, estejam se rebelando também contra a ideia de integridade individual. "Ousar resistir sozinho" é criminoso na ideologia assim como perigoso na prática. A independência do escritor e do artista é devorada por forças econômicas vagas e ao mesmo tempo corroída por aqueles que deveriam ser seus defensores. É o segundo processo que estou abordando aqui.

A liberdade de pensamento e a de imprensa são normalmente atacadas com argumentos que nem vale a pena mencionar. Qualquer um que tenha experiência em conferências e debates já os conhece de trás para a frente. Aqui, não estou tentando responder à famosa alegação segundo a qual a liberdade é uma ilusão, ou à alegação de que existe mais liberdade em países totalitários do que em democráticos; estou tentando lidar com a proposição muito mais convincente e perigosa de que a liberdade é indesejável e que a honestidade intelectual é uma forma de egoísmo antissocial. Embora outros aspectos da questão normalmente fiquem em primeiro

---

[55] Revivalismo é um fenômeno social que busca resgatar tradições, princípios antigos para enfrentar desafios da própria época. (N.T.)

plano, a controvérsia sobre liberdade de expressão e de imprensa é, no fundo, uma controvérsia sobre a conveniência ou, ao contrário, de contar mentiras. O que está realmente em pauta é o direito de relatar os eventos contemporâneos veridicamente, ou tão veridicamente quanto for compatível com a ignorância, o viés e o autoengano de que cada observador inevitavelmente sofre. Quando digo isso, pode parecer que estou dizendo que a "reportagem" franca e honesta é o único ramo da literatura que importa: mas tentarei mostrar adiante que em todos os níveis literários, e provavelmente em cada uma das artes, a mesma questão surge de formas mais ou menos sutis. Antes, porém, é necessário remover as irrelevâncias nas quais essa controvérsia geralmente é envolvida.

Os inimigos da liberdade intelectual sempre tentam apresentar seu caso como uma questão de disciplina *versus* individualismo. O aspecto verdade *versus* inverdade é mantido em segundo plano tanto quanto possível. Embora o nível de ênfase possa variar, o escritor que se recusa a vender suas opiniões é sempre rotulado como um mero *egoísta*. Ou seja, ele é acusado ou de querer se trancar em uma torre de marfim, ou de fazer uma demonstração exibicionista da própria personalidade, ou de resistir ao inevitável curso da história em uma tentativa de se agarrar a privilégios injustificados. Os católicos e os comunistas são semelhantes na suposição de que um oponente não pode ser ao mesmo tempo honesto e inteligente. Cada um deles alega tacitamente que "a verdade" já foi revelada e que o herético, se não for apenas um tolo, está secretamente ciente da "verdade" e resiste a ela meramente por razões egoístas. Na literatura comunista, o ataque à liberdade intelectual vem geralmente mascarado pela oratória acerca do "individualismo pequeno-burguês", das "ilusões do liberalismo do século XIX", etc., e apoiado por palavras abusivas como "romântico" e "sentimental", às quais, por não terem um significado consensual, é difícil responder. Assim, a controvérsia é manobrada para longe da questão real. Pode-se aceitar, e a maioria das pessoas esclarecidas aceitaria, a tese comunista de que a liberdade pura só existe em uma sociedade sem classes, e que se está mais perto de ser livre quando se trabalha para criar tal sociedade. Mas disfarçada no meio disso está a alegação bastante infundada de que o partido comunista está mirando o estabelecimento de uma sociedade sem classes, e que na URSS esse objetivo está prestes a ser realizado. Se aceitarmos que a primeira alegação acarreta a segunda, não restará praticamente nenhum ataque ao bom senso e à decência comum que não possa ser justificado. Enquanto isso, o ponto importante foi contornado. Liberdade do intelecto significa liberdade para relatar o que se viu, ouviu e sentiu, e não ser obrigado a fabricar fatos e sentimentos imaginários. Os conhecidos discursos contra o "escapismo", "individualismo", "romantismo", e assim por diante, são um mero dispositivo forense, cujo objetivo é fazer a deturpação da história parecer respeitável.

Quinze anos atrás, quando uma pessoa defendia a liberdade intelectual, defendia-a contra conservadores, contra católicos e em certa medida – pois eles não tinham grande importância na Inglaterra – contra fascistas. Hoje, é preciso defendê-la contra comunistas e "simpatizantes". Não se deve superestimar a influência direta do pequeno Partido Comunista Inglês, mas não pode restar dúvida sobre o efeito pernicioso do *mito* russo sobre a vida intelectual inglesa. Por causa dele, fatos conhecidos são suprimidos e distorcidos a um ponto que torna duvidoso se uma história verdadeira da nossa época poderá em algum momento ser escrita. Deixem-me dar-lhes apenas um exemplo dentre as centenas que poderiam ser citadas. Quando a Alemanha entrou em colapso, descobriu-se que grandes quantidades de russos soviéticos – a maioria, sem dúvida, por motivos não políticos – haviam mudado de lado e estavam combatendo pelos alemães. Fora isso, uma pequena, mas não irrisória, porção dos prisioneiros russos e de pessoas refugiadas se recusou a voltar à URSS, e pelo menos alguns foram repatriados contra a própria vontade. Esses fatos, conhecidos por muitos jornalistas que estavam lá, passaram quase sem menção da imprensa britânica, enquanto os propagandistas russófilos na Inglaterra continuaram a justificar os expurgos e as deportações de 1936-1938 alegando que a URSS "não tinha colaboracionistas". A névoa de mentiras e desinformação que cerca temas como a fome na Ucrânia, a Guerra Civil Espanhola, a política russa na Polônia, e assim por diante, não se deve inteiramente à desonestidade consciente, mas qualquer escritor ou jornalista que seja totalmente simpático à URSS – simpático, quer dizer, do modo como os próprios russos querem que ele seja – precisa concordar com a falsificação deliberada de assuntos importantes. Tenho diante de mim o que deve ser um panfleto muito raro, escrito por Maxim Litvinoff em 1918, delineando os eventos recentes na Revolução Russa. Não menciona Stálin, mas faz muitos elogios a Trótski e a Zinoviev, Kamenev e outros. Qual poderia ser a atitude até do mais intelectualmente escrupuloso comunista em relação a esse panfleto? No melhor dos casos, a atitude obscurantista de dizer que é um documento indesejável que seria melhor suprimir. E se, por alguma razão, fosse decidido imprimir uma versão deturpada do panfleto, denegrindo Trótski e inserindo referências a Stálin, nenhum comunista que permanecesse fiel ao partido poderia protestar. Falsificações quase tão grosseiras quanto essa foram cometidas em anos recentes. Mas o importante não é que elas aconteçam, e sim que, mesmo quando elas se tornam conhecidas, não provoquem nenhuma reação da *intelligentsia* de esquerda como um todo. O argumento de que contar a verdade "seria inoportuno" ou "favoreceria o jogo" de alguém é considerado irrespondível, e poucas pessoas se incomodam com a perspectiva de as mentiras que elas toleram irem para os jornais e livros de História.

A mentira organizada praticada por Estados totalitários não é, como algumas vezes se afirma, um expediente temporário da mesma natureza da artimanha militar. É algo inerente ao totalitarismo, algo que continuaria mesmo se os campos de concentração e as forças da polícia secreta deixassem de ser necessários. Corre entre comunistas inteligentes uma lenda subterrânea segundo a qual, embora o governo russo seja obrigado *agora* a lidar com propaganda mentirosa, julgamentos de fachada e assim por diante, está em segredo registrando os fatos verdadeiros e vai publicá-los em algum momento no futuro. Creio que podemos estar seguros de que não será esse o caso, porque a mentalidade implícita nessa ação é a de um historiador liberal que acredita que o passado não pode ser alterado e que um conhecimento correto da história é valioso por si mesmo. Do ponto de vista totalitário, a história é algo a ser criado mais do que estudado. Um Estado totalitário é com efeito uma teocracia, e sua casta dominante, para preservar sua posição, precisa ser considerada infalível. Mas como, na prática, ninguém é infalível, é frequentemente necessário rearranjar os eventos passados de modo a mostrar que este ou aquele erro não foi cometido, ou que este ou aquele triunfo imaginário aconteceu de fato. Então, mais uma vez, toda mudança de vulto na política exige uma mudança correspondente na doutrina e a reavaliação de pessoas históricas proeminentes. Esse tipo de coisa acontece em todo lugar, mas é claramente mais provável que desemboque em falsificações em sociedades onde apenas *uma* opinião é permitida em qualquer dado momento. O totalitarismo exige, na verdade, uma alteração contínua do passado e, no longo prazo, provavelmente exige uma descrença na própria existência da verdade objetiva. Os amigos do totalitarismo neste país tendem em geral a argumentar que, como a verdade absoluta não é atingível, uma mentira grande não é pior do que uma pequena. Argumentam que *todos* os registros históricos são tendenciosos e imprecisos ou, por outro lado, que a física moderna provou que o que nos parecia o mundo real é uma ilusão, de modo que acreditar na evidência dos sentidos é simplesmente um filisteísmo[56] vulgar. Uma sociedade totalitária que tivesse sucesso em se perpetuar estabeleceria provavelmente um sistema de pensamento esquizofrênico, no qual as leis do senso comum, válidas na vida cotidiana e em certas ciências exatas, poderiam ser desprezadas pelos políticos, os historiadores e os sociólogos. Já existem incontáveis pessoas que considerariam um escândalo falsificar um texto científico, mas que nada veriam de errado em falsificar um fato histórico. É no ponto em que literatura e política se cruzam que o totalitarismo exerce a maior pressão sobre o intelectual. As ciências exatas não estão, neste momento, ameaçadas por nada nem parecido em extensão.

---

[56] Termo depreciativo; atitude de não se importar ou não valorizar as artes. (N.T.)

Isso explica em parte o fato de em todos os países ser mais fácil para os cientistas do que para os escritores alinhar-se aos respectivos governos.

Para manter a questão em perspectiva, vou repetir o que afirmei no início deste ensaio: que na Inglaterra os inimigos *imediatos* da verdade, e portanto da liberdade de pensamento, são os barões da imprensa, os magnatas dos filmes e os burocratas, mas no longo prazo o enfraquecimento do desejo por liberdade entre os próprios intelectuais é o sintoma mais sério de todos. Pode parecer que venho falando dos efeitos da censura, não sobre a literatura como um todo, mas meramente em um departamento de jornalismo político. Dado que a Rússia soviética representa uma espécie de território proibido na imprensa britânica, dado que temas como a Polônia, a Guerra Civil Espanhola e o pacto germano-soviético, entre outros, estão excluídos do debate sério, e que se você tiver informações conflitantes com a ortodoxia dominante espera-se que você ou as distorça ou se cale a respeito – dado tudo isso, por que haveria a literatura, em sentido amplo, de ser afetada? Todo escritor é um político, e cada livro é necessariamente um trabalho de "reportagem" honesta? Mesmo sob a ditadura mais rigorosa, o escritor individual não pode permanecer livre dentro de sua própria cabeça, ou disfarçar suas ideias não ortodoxas de tal modo que as autoridades serão estúpidas demais para reconhecê-las? De toda forma, se o escritor estivesse de acordo com a ortodoxia dominante, por que ela exerceria um efeito restritivo sobre ele? A literatura, ou qualquer uma das artes, não tem mais probabilidade de florescer em sociedades nas quais não existam grandes conflitos de opinião nem distinções agudas entre o artista e seu público? Deve-se presumir que todo escritor é um rebelde, ou mesmo que um escritor é uma pessoa excepcional?

Sempre que se tenta defender a liberdade intelectual contra as reivindicações do totalitarismo, enfrenta-se esse tipo de argumento de uma forma ou outra. Eles se baseiam em um completo mal-entendido sobre o que a literatura é, e como – ou talvez se deva dizer *por que* – ela existe. Eles supõem que um escritor é ou meramente um criador de entretenimento ou, pelo contrário, uma pena de aluguel capaz de pular de uma linha de propaganda para outra com a mesma facilidade com que um organista troca de música. Mas, afinal, como é que livros acabam sendo escritos? Acima de um nível bastante básico, a literatura é uma tentativa de influenciar o ponto de vista dos contemporâneos do autor por meio do registro da experiência. E, no que diz respeito à liberdade de expressão, não há muita diferença entre um mero jornalista e o mais "apolítico" escritor imaginativo. O jornalista não é livre e tem consciência da falta de liberdade quando é forçado a escrever mentiras ou a suprimir o que a ele parecem notícias importantes: o escritor imaginativo não é livre quando precisa falsificar os sentimentos subjetivos que, de seu ponto de vista, são fatos. Ele pode distorcer e caricaturar a realidade de forma a tornar mais claros seus objetivos, mas não pode adulterar seu cenário mental: ele não consegue dizer com convicção que gosta do que não gosta, ou que acredita no que desacredita. Se ele for forçado a fazer isso, o único resultado será que suas faculdades criativas vão secar. Tampouco ele consegue resolver o problema ao manter-se afastado dos temas controversos. Literatura genuinamente apolítica é coisa que não existe, menos ainda em uma época como a nossa, quando medos, ódios e lealdades de um tipo claramente político estão próximos da superfície na consciência de todas as pessoas. Mesmo um único tabu pode conduzir a mente a um estado incapacitante, porque sempre existe o risco de seguir livremente uma linha de raciocínio e desembocar em uma ideia proibida. Disso decorre que a atmosfera do totalitarismo é fatal para qualquer tipo de escritor de prosa, embora um poeta, ou pelo menos um poeta lírico, talvez consiga achá-la respirável. E, em qualquer sociedade totalitária que sobreviva por mais que um punhado de gerações, é provável que a prosa literária, do tipo que existe há quatrocentos anos, precise *chegar ao fim*.

A literatura algumas vezes floresceu sob regimes despóticos, porém, conforme foi assinalado com frequência, os despotismos do passado não eram totalitaristas. Seu aparato repressivo foi sempre ineficiente, as classes dominantes eram geralmente ou corruptas ou apáticas ou semiliberais nos pontos de vista, e as doutrinas religiosas prevalentes em geral trabalhavam contra o aperfeiçoamento e a noção de infalibilidade humana. Mesmo assim, é em grande medida verdade que a prosa literária atingiu seus níveis mais altos nos períodos de democracia e livre reflexão. O que é novo no totalitarismo é que suas doutrinas são não apenas indiscutíveis, mas também instáveis. Elas precisam ser aceitas sob pena de retaliação, mas estão sempre sujeitas a alterações em qualquer dado instante. Considerem, por exemplo, as várias atitudes, completamente incompatíveis uma com a outra, que um inglês comunista ou "simpatizante" precisou adotar em relação à guerra entre a Grã-Bretanha e a Alemanha. Por muitos anos antes de setembro de 1939, esperava-se dele que estivesse continuamente preocupado com "os horrores do nazismo" e que transformasse tudo o que escrevia em uma denúncia contra Hitler: depois de setembro de 1939, durante vinte meses, ele precisou acreditar que a Alemanha era mais a vítima do que a perpetradora dos erros, e a palavra "nazismo", ao menos no que dizia respeito à imprensa, precisou ser eliminada de seu vocabulário. Imediatamente após ouvir o noticiário das oito horas na manhã de 22 de junho de 1941, ele precisou voltar a acreditar que o nazismo era o mal mais hediondo que o mundo tinha alguma vez visto. Agora: é fácil para um político fazer essas trocas; para um escritor, o caso é um tanto diferente. Se é para trocar de lealdades exatamente no momento certo, ele precisa ou mentir sobre seus sentimentos subjetivos ou suprimi-los como um todo. Em qualquer dos casos, ele destruiu seu dínamo. Não apenas as ideias vão se recusar a surgir, mas as próprias palavras que ele usar vão parecer congelar ao toque. O texto político da nossa época consiste quase inteiramente de frases pré-fabricadas encaixadas como peças de um brinquedo infantil. É o resultado inevitável da autocensura. Para escrever em linguagem clara e vigorosa, é preciso pensar sem medo, e quem pensa sem medo não pode ser politicamente ortodoxo. Pode ser de outra forma em uma "era de fé", quando a ortodoxia dominante está estabelecida há bastante tempo e não é levada muito a sério. Nesse caso seria possível, ou talvez pudesse ser possível, que grandes áreas mentais de uma pessoa permanecessem não afetadas por aquilo em que a pessoa acreditasse oficialmente. Ainda assim, vale a pena notar que a prosa literária quase desapareceu durante a única era de fé que a Europa já teve. Ao longo de toda a Idade Média, quase não existiu prosa literária imaginativa, e bem pouco texto histórico: e os líderes intelectuais da sociedade expressavam seus mais profundos pensamentos em uma língua morta que mal se alterou durante mil anos.

O totalitarismo, no entanto, não promete tanto uma era de fé quanto uma era de esquizofrenia. Uma sociedade se torna totalitária quando suas estruturas se tornam flagrantemente artificiais, ou seja, quando a classe dirigente perdeu sua função, mas consegue se agarrar ao poder pela força ou por fraude. Tal sociedade, não importa quanto persista, nunca pode dar-se ao luxo de se tornar nem tolerante nem intelectualmente estável. Nunca pode permitir o registro verídico dos fatos nem a sinceridade emocional que a criação literária exige. Mas para ser corrompida pelo totalitarismo uma pessoa não precisa viver em um país totalitário. A mera prevalência de certas ideias pode disseminar um tipo de veneno que torna um tema após o outro impossível para propósitos literários. Onde quer que exista uma ortodoxia impingida – ou mesmo duas ortodoxias, como frequentemente ocorre –, o bom texto some. Isso foi bem ilustrado pela Guerra Civil Espanhola. Para muitos intelectuais ingleses, a guerra foi uma experiência profundamente comovente, mas não uma experiência sobre a qual eles pudessem escrever com sinceridade. Havia apenas duas coisas que se tinha permissão para dizer, e ambas eram mentiras palpáveis: como resultado, a guerra gerou quilômetros de texto, mas quase nada que valesse a pena ler.

Não está claro se os efeitos do totalitarismo sobre a poesia são necessariamente tão fatais quanto sobre a prosa. Há toda uma série de razões convergentes pelas quais é um pouco mais fácil para um poeta do que para um prosador sentir-se à vontade em uma sociedade autoritária. Para começar, burocratas e outros homens "práticos" em geral desprezam demais o poeta para terem grande interesse no que ele está dizendo. Em segundo lugar, o que o poeta está dizendo – ou seja, o que o poema "significa", quando convertido em prosa – é relativamente sem importância até para ele mesmo. A ideia contida em um poema é sempre simples, e não é mais o propósito primário do poema do que o incidente é o propósito primário do quadro. Um poema é uma combinação de sons e associações como uma pintura é uma combinação de pinceladas. Para fragmentos curtos, na verdade, como no refrão de uma música, a poesia pode até mesmo abrir mão totalmente do significado. Portanto, é relativamente fácil para um poeta manter-se distante de temas perigosos e evitar expressar heresias: e mesmo quando as expressa, elas podem passar despercebidas. Mas acima de tudo o bom poema, diferentemente da boa prosa, não é necessariamente um produto individual. Certos tipos de poemas, como as baladas ou, em contrapartida, formas versificadas muito artificiais, podem ser composto colaborativamente por várias pessoas. Se as antigas baladas inglesas e escocesas foram originalmente criadas por indivíduos ou por grandes grupos é incerto; mas, seja como for, elas são não individuais, no sentido de se alterarem constantemente na transmissão boca a boca. Mesmo quando impressas, duas versões da mesma balada nunca são exatamente iguais. Muitos povos primitivos compõem versos em comunidade. Alguém começa a improvisar, provavelmente fazendo-se acompanhar de um instrumento musical, outra pessoa contribui com um verso ou uma rima quando o primeiro para, e assim o processo continua até que passa a existir uma música ou uma balada inteira que não tem um autor identificável.

Em prosa, esse tipo de colaboração íntima é perto de impossível. A prosa séria, pelo menos, precisa ser composta em solidão, ao passo que o entusiasmo de ser parte de um grupo é na verdade uma ajuda em certos tipos de versificação. A poesia – e talvez poesia boa, a seu modo, embora não do melhor tipo – pode sobreviver até mesmo sob o regime mais inquisitorial. Mesmo em uma sociedade em que a liberdade e a individualidade foram extintas, ainda haveria necessidade de músicas patrióticas e baladas heroicas que comemorassem conquistas, ou de elaborados exercícios de bajulação: e esses são os tipos de poema que podem ser escritos por encomenda, ou compostos conjuntamente, sem que necessariamente lhes falte valor artístico. Prosa é outra questão, já que o escritor de prosa não pode estreitar seu escopo de raciocínio sem matar sua criatividade. Mas a história das sociedades totalitárias, ou dos grupos de pessoas que adotaram a visão totalitária, sugere que a perda de liberdade é inimiga de *todas* as formas de literatura. A literatura alemã quase desapareceu durante o governo de Hitler, e a situação não foi muito melhor na Itália. A literatura russa, até onde se pode avaliar a partir das traduções, deteriorou-se marcadamente desde os primeiros dias da Revolução, embora alguns poemas pareçam ser melhores do que a prosa. Poucos romances russos que podem ser levados a sério, se é que algum pode, foram traduzidos em cerca de quinze anos. Na Europa Ocidental e na América, grandes parcelas da *intelligentsia* literária ou passaram pelo Partido Comunista ou lhe foram calorosamente simpáticas, mas todo esse movimento para a esquerda produziu extraordinariamente poucos livros dignos de se ler. O catolicismo ortodoxo, de novo, parece ter um efeito esmagador sobre certas formas literárias, em especial o romance. Durante um período de trezentos anos, quantas pessoas foram ao mesmo tempo boas romancistas e boas católicas? O fato é que certos temas não podem ser celebrados em palavras, e a tirania é um deles. Ninguém jamais escreveu um bom livro em louvor à Inquisição. A poesia pode sobreviver em uma era totalitária e certas artes, ou meias artes, como a arquitetura, podem até achar a tirania benéfica, mas o escritor de prosa não teria escolha entre o silêncio e a morte. A literatura em prosa, tal como a conhecemos, é resultado da racionalidade, dos séculos protestantes, do indivíduo autônomo. E a destruição da liberdade intelectual mutila o jornalista, o escritor sociólogo, o historiador, o romancista, o crítico e o poeta, nessa ordem. No futuro, é possível que um novo tipo de literatura, não envolvendo sentimentos individuais de verdadeira observação, possa surgir, mas tal coisa não é imaginável no presente. Parece muito mais provável que, se a cultura liberal em que vivemos desde o Renascimento chegar ao fim, a arte literária vai perecer com ela.

Claro, o texto impresso continuará a ser usado, e é interessante especular sobre os tipos de assunto que sobreviveriam em uma sociedade rigidamente totalitária. Os jornais presumivelmente vão continuar, até que a técnica televisiva atinja níveis mais altos, mas para além de jornais é duvidoso, mesmo agora, se grandes massas da população dos países industrializados sentem necessidade de algum tipo de literatura. De qualquer forma, eles não estão dispostos a gastar em material de leitura nada nem perto do que gastam em diversas outras diversões. É provável que romances e contos sejam completamente substituídos por filmes e programas de rádio. Ou talvez sobreviva algum tipo de ficção sentimental de baixa categoria, produzida por uma espécie de linha de montagem que reduza a atividade humana ao mínimo.

Provavelmente não estaria além da engenhosidade humana escrever livros através de máquinas. Mas um tipo de processo de mecanização já pode ser visto em funcionamento no cinema e no rádio, na publicidade e na propaganda, nos níveis mais baixos de jornalismo. Os filmes da Disney, por exemplo, são produzidos essencialmente por um processo fabril, o trabalho sendo feito em parte mecanicamente, em parte por grupos de artistas que precisam sujeitar seu estilo individual. Peças de rádio são frequentemente escritas por redatores exaustos a quem o tema e o modo de tratamento são ditados de antemão; mesmo assim, o que eles escrevem é meramente um material bruto, que será fatiado e formatado por produtores e censores. Assim também com incontáveis livros e panfletos encomendados por departamentos do governo. Ainda mais parecida com um processo mecanizado é a produção de contos, seriados e poemas para as revistas mais baratas. Em jornais como o *Writer* abundam anúncios de escolas de literatura, todas oferecendo enredos prontos por poucos xelins por hora. Algumas, junto com o enredo, fornecem as frases de abertura e de encerramento de cada capítulo. Outras fornecem uma espécie de fórmula algébrica por meio da qual você pode construir pessoalmente seus enredos. Outras oferecem pacotes de cartões com anotações sobre personagens e situações, basta embaralhar e distribuir para produzir histórias engenhosas automaticamente. É provavelmente de um jeito parecido que a literatura de uma sociedade totalitária seria produzida caso ainda se sentisse que a literatura era necessária. A imaginação – e até a consciência, na medida do possível – seria eliminada do processo de escrita. Em suas linhas gerais, os livros seriam planejados por burocratas, e depois passariam por tantas mãos que, uma vez terminados, não seriam mais um produto individual do que um carro da Ford ao fim da linha de montagem. Nem é preciso dizer que algo produzido assim seria uma porcaria; mas qualquer coisa que não fosse uma porcaria colocaria em risco a estrutura do Estado. Quanto à literatura que sobrevivesse do passado, precisaria ser suprimida ou, no mínimo, elaboradamente reescrita. Ao mesmo tempo, o totalitarismo não triunfou plenamente em nenhum lugar. Nossa própria sociedade ainda é, em termos gerais, liberal. Para exercer seu direito à liberdade de expressão, você precisa lutar contra a pressão econômica e contra parcelas poderosas da opinião pública, mas não, ainda, contra a polícia secreta. Você pode dizer ou imprimir quase qualquer coisa, desde que esteja disposto a fazer isso furtivamente. Mas o que é sinistro, como afirmei no início deste ensaio, é que os inimigos conscientes da liberdade são aqueles para quem a liberdade deveria ser mais significativa. O grande público não se importa com a questão, de uma forma ou de outra. Eles não são a favor da perseguição aos heréticos e eles não vão se mexer para protegê-los. Eles são ao mesmo tempo lúcidos demais e estúpidos demais para desenvolverem o ponto de vista totalitário. O ataque direto e consciente contra a decência intelectual vem dos próprios intelectuais.

É possível que a *intelligentsia* russófila, se não tivesse sucumbido a este mito em particular, teria sucumbido a outro basicamente do mesmo tipo. Mas de toda forma o mito russo está aí, e a corrupção que ele provoca fede. Quando se veem homens altamente educados olhando com indiferença para a opressão e a perseguição, fica-se em dúvida sobre o que desprezar mais, se seu cinismo ou sua visão curta. Muitos cientistas, por exemplo, são admiradores acríticos da URSS. Eles parecem pensar que a destruição da liberdade não tem importância, desde que a própria linha de trabalho não sofra consequências no momento. A URSS é um país enorme e em rápido desenvolvimento, que tem uma necessidade aguda de cientistas e, por isso, trata-os com generosidade. Desde que se mantenham afastados de temas sensíveis como a psicologia, cientistas são pessoas privilegiadas. Escritores, por sua vez, são ferozmente perseguidos. É verdade que prostitutas literárias como Iliya Ehrenburg ou Alexei Tolstói[57] são remuneradas regiamente, mas a única coisa que tem algum valor real para o escritor como tal – sua liberdade de expressão – é tirada deles. Alguns cientistas ingleses, pelo menos, que falam tão entusiasticamente sobre as oportunidades desfrutadas pelos cientistas na Rússia são capazes de entender isso. Mas seu reflexo parece ser: "Escritores são perseguidos na Rússia. E daí? Eu não sou escritor". Eles não enxergam que qualquer ataque à liberdade intelectual, e ao conceito de verdade objetiva, ameaça no longo prazo todas as áreas do pensamento.

Por enquanto, o Estado totalitário tolera o cientista porque precisa dele. Mesmo na Alemanha nazista, os cientistas, se não fossem judeus, foram relativamente bem tratados, e a comunidade científica alemã, como um todo, não ofereceu resistência a Hitler. Nesse ponto da História, mesmo o governante mais autocrático é forçado a levar em conta a realidade física, em parte pela permanência dos hábitos mentais liberais, em parte pela necessidade de se preparar para a guerra. Enquanto a realidade física não puder ser totalmente ignorada, enquanto dois e dois precisarem ser quatro quando se está, por exemplo, projetando um avião, os cientistas têm sua função e podem até gozar de certo grau de liberdade. Seu despertar virá mais tarde, quando o Estado totalitário estiver firmemente estabelecido. Enquanto isso, se ele quer salvaguardar a integridade da ciência, é seu dever desenvolver algum tipo de solidariedade para com os colegas literários e não considerar com indiferença que escritores sejam silenciados ou levados ao suicídio, e os jornais, sistematicamente falsificados.

---

[57] Aleksei Tolstói (1883-1945), escritor russo, parente distante de Liev Tolstói (1828-1910).

Porém, seja lá como for em relação às ciências naturais, ou com a música, a pintura e a arquitetura, é certo que, conforme tentei demonstrar, a literatura está condenada, se a liberdade de pensamento perecer. Não apenas está condenada em qualquer país que tenha uma estrutura totalitária; mas qualquer escritor que adote um ponto de vista totalitário, que encontre desculpas para a perseguição e a falsificação da realidade, destrói a si mesmo como escritor. Não há escapatória para isso. Nenhuma tirada contra o "individualismo" e "a torre de marfim", nenhuma platitude piedosa no sentido de que "a verdadeira individualidade só é obtida por meio da identificação com a comunidade" pode contornar o fato de que uma mente vendida é uma mente estragada. A menos que a espontaneidade entre em um ou outro ponto, a criação literária é impossível, e a linguagem em si se torna ossificada. E, algum momento futuro, se a mente humana se transformar em algo totalmente diferente do que é hoje, talvez possamos aprender a separar a criação literária da honestidade intelectual. No momento, sabemos apenas que a imaginação, como certos animais selvagens, não sobrevive em cativeiro. Qualquer escritor ou jornalista que negue esse fato – e quase todos os elogios à União Soviética contêm ou implicam essa negativa – está, na verdade, exigindo a própria destruição.

1945-1946

SEMANÁRIO DE MENINOS

Nunca se vai muito longe em nenhum bairro pobre de qualquer cidade grande sem encontrar uma lojinha de jornaleiro. A aparência geral dessas lojinhas é sempre parecida: cartazes do *Daily Mail* e do *News of the World*, uma vitrine apertada com potes de doces e maços de Players e um interior escuro cheirando a balas de alcaçuz e enfeitado do chão ao teto com jornais de dois pence vergonhosamente mal impressos, a maioria com ilustrações sensacionalistas em três cores na capa.

Exceto pelos jornais matutinos e vespertinos, o estoque dessas lojinhas mal repete o das lojas maiores. Sua principal linha de produtos é o semanário de dois pence, e a quantidade e a variedade são quase inacreditáveis. Cada passatempo e atividade de lazer – pássaros de gaiola, arabescos, marcenaria, apicultura, pombos-correios, mágicas caseiras, filatelia, xadrez – tem ao menos um jornal dedicado a ele e, geralmente, mais de um. Jardinagem e criação de gado devem ter ao menos vinte. Depois vêm os jornais de esportes, os de rádio, as histórias em quadrinhos para crianças, os de recortar, como o *Tit-bits*, o amplo escopo dos jornais dedicados ao cinema e todos mais ou menos explorando as pernas femininas, os vários jornais de negócios, os jornais femininos (*Oracle, Secrets, Peg's Paper,* etc.), os jornais de trabalhos manuais com agulhas – tão numerosos que só para exibi-los seria necessária uma vitrine inteira – e, além disso, a longa série de "Yank Mags" (histórias de luta, de ação, contos de faroeste, etc.), revistas desbotadas importadas da América e vendidas a dois pence e meio ou três. E os periódicos propriamente ditos se fundem às novelas de quatro pence, *Aldine boxing novels*, *Boy's friend library*, *Schoolgirl's own library* e muitas outras.

Provavelmente, o sortimento dessas lojinhas é o melhor indicador disponível do que a massa dos ingleses realmente sente e pensa. Com certeza, nada tão revelador existe sob a forma documentária. Romances campeões de venda, por exemplo, revelam muita coisa, mas o romance é dirigido quase exclusivamente a pessoas acima do nível de quatro libras esterlinas por semana. Os filmes são provavelmente um guia pouco confiável para o gosto popular, porque a indústria cinematográfica é virtualmente um monopólio, o que significa que ela não é nem um pouco obrigada a estudar de perto o seu público. O mesmo se aplica em alguma medida aos jornais diários e, acima de tudo, ao rádio. Mas isso não se aplica ao semanário de pequena circulação e tema especializado. Jornais como o *Exchange and Mart*, por exemplo, ou *Cage-birds*, *Oracle*, *Prediction* ou *Matrimonial Times* só existem porque existe uma demanda clara por eles, e refletem a mente de seus leitores de um modo como um grande diário nacional, com uma circulação de milhões, nunca poderia refletir.

Estou tratando aqui de um único tipo de jornal, os semanários de dois pence para meninos, descritos frequente e imprecisamente como "de horror barato". No momento, caem estritamente nessa categoria dez jornais, o *Gem*, *Magnet*, *Modern Boy*, *Triumph* e *Champion*, todos de propriedade da Amalgamated Press, e o *Wizard*, *Rover*, *Skipper*, *Hotspur* e *Adventure*, todos da D. C. Thomson & Co. Qual é a circulação desses jornais, eu não sei. Os editores e proprietários se recusam a indicar qualquer número e, de toda forma, a circulação de publicações com histórias seriadas está fadada a flutuar bastante. Mas não resta dúvida de que o público combinado dos dez jornais é muito amplo. Eles estão à venda em todas as cidades da Inglaterra, e quase todos os meninos que leem passam pela fase de ler um ou mais entre eles. O *Gem* e o *Magnet*, os mais antigos desses jornais, são de um tipo diferente dos outros, e claramente perderam um pouco de popularidade ao longo dos últimos anos. Atualmente, uma boa parte dos meninos os considera antiquados e "lentos". Apesar disso, quero abordá--los em primeiro lugar, porque são psicologicamente mais interessantes do que os demais e porque sua mera sobrevivência até os anos 1930 é um fenômeno bastante surpreendente.

O *Gem* e o *Magnet* são jornais irmãos (personagens de um com frequência aparecem no outro) e ambos foram fundados há mais de trinta anos. Naquela época, junto com *Chums* e o velho *B.O.P.*, eram os jornais líderes para meninos e continuaram dominantes até bem recentemente. Cada um traz a cada semana uma história ficcional juvenil de quinze mil ou vinte mil palavras, completa em si mesma, mas em geral mais ou menos relacionada à da semana anterior. O *Gem*, em complemento a essa história, traz uma ou mais aventuras seriadas. Fora isso, os dois jornais são tão parecidos que podem ser tratados como um só, embora o *Magnet* tenha sido sempre o mais conhecido dos dois, provavelmente por ter um personagem de primeira categoria na figura do menino gordo Billy Bunter.

As histórias tratam do que pretende ser a vida em uma escola particular, e as escolas (Greyfriars no *Magnet*, St. Jim no *Gem*) são representadas como instituições antigas e respeitáveis como Eton ou Winchester. Todos os personagens principais são quartanistas de 14 ou 15 anos, meninos mais velhos ou mais novos só aparecendo em papéis muito pequenos. Como Sexton Blake e Nelson Lee, esses meninos continuam, semana após semana e ano após ano, sem nunca envelhecer. Muito ocasionalmente, um menino novo chega ou um personagem sem importância sai, mas de qualquer forma nos últimos vinte e cinco anos o elenco mal sofreu alguma alteração. Todos os personagens importantes nos dois jornais – Bob, Cherry, Tom Merry, Harry Wharton, Johnny Bull, Billy Bunter e o restante – estavam em Greyfriars ou em St. Jim muito antes da Primeira Guerra, exatamente com a mesma idade de hoje em dia, vivendo o mesmo tipo de aventuras e conversando quase exatamente no mesmo dialeto. E não apenas os personagens, mas toda a atmosfera tanto do *Gem* quanto do *Magnet* foi preservada inalterada, em parte por meio de uma elaborada estilização. As histórias no *Magnet* são assinadas por "Frank Richards", e as do *Gem*, por "Martin Clifford", mas uma série que dura trinta anos dificilmente poderia ser o trabalho da mesma pessoa toda semana[58]. Consequentemente, elas precisam ser escritas em um estilo que seja facilmente imitável – um estilo extraordinário, artificial, repetitivo, muito diferente de qualquer coisa existente na atual literatura inglesa. Alguns excertos servirão para ilustrar. Aqui está um tirado de *Magnet*:

> *Lamúria!*
> *"Cala a boca, Bunter!"*
> *Lamúria!*
> *Calar a boca não era muito o estilo de Billy Bunter. Ele raramente se calava, apesar de sempre lhe pedirem que se calasse. No terrível momento presente, o gordo Coruja de Greyfriars estava menos inclinado do que nunca a se calar. E ele não se calou! Ele lamentou e lamentou e continuou lamentando.*
> *Mesmo resmungar não expressava totalmente os sentimentos de Bunter. Seus sentimentos eram, na verdade, inexprimíveis.*
> *Havia seis deles encrencados! Só um dos seis fazia sons de angústia e lamento. Mas aquele um, William George Bunter, fazia o suficiente pelo grupo todo e mais um pouco.*
> *Harry Wharton & Co. formavam um grupo enraivecido e preocupado. Eles foram despejados e abandonados, roubados, esfolados e encaçapados! Etc., etc., etc.*

E aqui um trecho do *Gem*:

> *"Ai, caramba!"*
> *"Ai, droga!"*

---

[58] 1945. Isto está incorreto. Essas histórias foram escritas ao longo de todo o período por Frank Richards e Martin Clifford, que são a mesma e única pessoa! Ver artigos em *Horizon*, maio de 1940, e *Summer Pie*, verão de 1944. (N.A.)

"Aaaaargh!"

"Uuurrrgh!"

Arthur Augustus se sentou, zonzo. Apanhou o lenço e o pressionou contra o nariz ferido. Tom Merry se sentou, ofegante. Eles olharam um para o outro.

"Por Júpiter! Isso é que é peleja, meu rapaz!", gorgolejou Arthur Augustus. *"Fui jogado numa baita confusão! Aaargh, os malandros! Os rufiões! Esses intrusos malditos! Uau!"* Etc., etc.

Esses dois trechos são totalmente típicos: você encontraria algo parecido em quase todos os capítulos de todas as edições, hoje ou vinte e cinco anos atrás. A primeira coisa que qualquer pessoa nota é o extraordinário volume de tautologia (a primeira dessas duas passagens contém [em inglês] cento e vinte e cinco palavras que poderiam ser reduzidas a cerca de trinta), aparentemente pensado para fazer a história render, mas na verdade exercendo a função de criar a atmosfera. Pela mesma razão, várias expressões jocosas são repetidas vezes sem conta; "enraivecido", por exemplo, é um grande favorito, e assim como "roubados, esfolados e encaçapados". "Aaaai!", "Uuurrrgh!" e "Aaaargh!" (gritos estilizados de dor) se repetem constantemente, e também "Hahaha!", sempre em uma linha exclusiva, de modo que algumas vezes um quarto da coluna, aproximadamente, consiste de "Hahaha!". A gíria ("Vá catar coquinho!", "Com a breca!" e "Seu velhaco!") nunca foi alterada, então os meninos de hoje usam gírias que são ultrapassadas há pelo menos trinta anos. Além disso, vários apelidos são enfiados em todas as ocasiões possíveis. A cada poucas linhas, somos relembrados que Harry Wharton & Co. são "os Cinco Famosos", Bunter é sempre "o gordo Coruja" ou "o Coruja da classe anterior", Vernon-Smith é sempre "o salafrário de Greyfriars", Gussy (o nobre Arthur Augustus D'Arcy) é sempre "o formidável de St. Jim", e assim por diante. Há um esforço constante, incansável, para manter a atmosfera intacta e garantir que todo novo leitor aprenda imediatamente quem é quem. O resultado foi transformar Greyfriars e St. Jim em um extraordinário mundinho próprio, um mundo que não pode ser levado a sério por ninguém acima de 15 anos, mas que de qualquer forma não é esquecido facilmente. Pela deterioração da técnica de Dickens, uma série de "personagens" estereotipados foi construída, em diversos casos com bastante sucesso. Billy Bunter, por exemplo, deve ser uma das figuras mais conhecidas da ficção inglesa; pois a mera quantidade de pessoas que o conhece se equipara à que conhece Sexton Blake, Tarzan, Sherlock Holmes e um punhado de personagens de Dickens.

É desnecessário dizer que essas histórias são fantasticamente diferentes da vida em uma escola particular real. Elas se baseiam em ciclos de tipos bem variados, mas em geral são do tipo divertido e barulhento, com o interesse centrado em brincadeiras rudes, pegadinhas, trotes, lutas, sovas, futebol, críquete e comida. Uma história recorrente é aquela em que um menino é acusado de algum malfeito cometido por outro e é nobre demais para revelar a verdade. Os meninos "bons" são "bons" na tradição do inglês de vida pura – eles se esforçam, lavam atrás das orelhas, nunca golpeiam abaixo da cintura, etc., etc. – e como contraponto há uma série de meninos "maus", Racke, Crooke, Loder e outros, cuja maldade consiste em fazer apostas, fumar e frequentar bares. Todos esses meninos estão constantemente à beira da expulsão, porém, como uma expulsão de fato significaria uma mudança no elenco, nunca algum deles é flagrado cometendo algo realmente sério. Roubo, por exemplo, mal existe como tema. Sexo é um tabu completo, especialmente na forma sob a qual de fato surge em escolas particulares. De vez em quando, meninas entram nas histórias e, muito raramente, há algo que se aproxima de um leve flerte, mas é inteiramente em espírito de brincadeira saudável. Um menino e uma menina se divertem andando juntos de bicicleta – isso é o máximo a que se chega. Beijar, por exemplo, seria considerado "piegas". Mesmo os meninos maus são presumidamente assexuados. Quando o *Gem* e o *Magnet* foram lançados, é provável que tenha havido uma intenção deliberada de eliminar a atmosfera repleta de culpa e sexo que permeava tanto da literatura anterior dirigida a meninos. Nos anos 1890, o *Boy's Own Paper*, por exemplo, costumava ter a seção de cartas cheia de avisos aterradores contra a masturbação, e livros como *St. Winifred's* e *Tom*

Brown's schooldays eram carregados de sentimentos homossexuais, embora, sem dúvida, seus autores não estivessem plenamente cientes disso. No *Gem* e no *Magnet*, sexo simplesmente não existe como problema. A religião também é um tabu; nos trinta anos de produção dos dois jornais, a palavra "Deus" provavelmente não aparece, exceto em "Deus salve o rei". No entanto, sempre existiu uma pressão muito grande por "temperança". Beber e, por associação, fumar são considerados infames mesmo entre adultos ("sombrio" é a palavra comum), mas ao mesmo tempo como algo irresistivelmente fascinante, uma espécie de substituto para o sexo. Em sua atmosfera moral, *Gem* e *Magnet* têm muito em comum com o movimento escotista, que começou mais ou menos na mesma época.

Toda literatura desse tipo é parcialmente plágio. Sexton Blake, por exemplo, começou bastante claramente como uma imitação de Sherlock Holmes, e ainda se parece bastante com ele; Blake tem rosto de falcão, mora na Baker Street, fuma desbragadamente e põe o robe quando precisa refletir. O *Gem* e *Magnet* provavelmente devem algo aos antigos autores de ficção juvenil que estavam no auge quando eles começaram, Gunby Hadath, Desmond Coke e os outros, mas eles devem mais aos modelos do século XIX. Na medida em que Greyfriars e St. Jim se parecem com escolas reais, estão muito mais próximas de Tom Brown e Rugby do que de uma escola particular moderna. Nenhuma delas tem, por exemplo, treinamento para oficiais do exército, os jogos não são obrigatórios e os meninos têm permissão até para vestir as roupas que quiserem. Mas sem dúvida a principal fonte desses jornais é *Stalky & Co.*[59]. Este livro teve uma influência enorme sobre a literatura para meninos, e é um daqueles que têm uma espécie de reputação tradicional entre pessoas que nunca viram um exemplar dele. Mais de uma vez em semanários para meninos eu encontrei referências a *Stalky & Co.* em que a palavra estava grafada "Storky". Até o nome do principal professor cômico de Greyfriars, o senhor Prout, é tirado de *Stalky & Co.*, assim como muitas das expressões: "caçoada", "levemente bêbado", "leviano", "troço", "peleja", a troca de

---

[59] Livro de J. R. Kipling sobre um internato para adolescentes, publicado em 1899.

plurais por singulares – todas já antiquadas mesmo quando o *Gem* e o *Magnet* começaram. Há também traços de origens mais antigas. O nome "Greyfriars" foi provavelmente tirado de Thackeray, e Gosling, o porteiro da escola em *Magnet*, fala em uma imitação do dialeto de Dickens.

Com tudo isso, o suposto "glamour" da vida em uma escola particular é exibido com força total. Há toda a parafernália habitual (castigo em salas trancadas, chamadas, disputas entre turmas, trote em calouros, bedéis, o chá aconchegante junto à lareira, etc., etc.) e uma referência constante à "velha escola", às "velhas pedras cinzentas" (ambas as escolas foram fundadas no início do século XVI), o "espírito de equipe" dos "homens de Greyfriars". O apelo ao esnobismo é totalmente descarado. Cada escola tem um ou dois meninos cujos títulos são constantemente esfregados no rosto do leitor; outros meninos têm nomes de conhecidas famílias aristocráticas, Talbot, Manners, Lowther. Somos incansavelmente lembrados que Gussy é o nobre Arthur A. D'Arcy, filho de lorde Eastwood, que Jack Blake é herdeiro de "vastas terras", que Hurree Jamset Ram Singh (apelidado de Inly) é o Nababo de Bhanipur, que o pai de Vernon-Smith é milionário. Até recentemente, as ilustrações em ambos os jornais mostravam os meninos em roupas que imitavam as de Eton; nos últimos anos, Greyfriars mudou para jaquetas e calças de flanela, mas St. Jim ainda mantém o casaco de Eton, e Gussy se apega à sua cartola. Na revista da escola que toda semana aparece como parte do *Magnet*, Harry Wharton escreve um artigo debatendo o dinheiro miúdo recebido pelos "companheiros da turma anterior" e revela que alguns recebem até cinco libras por semana! Esse tipo de coisa é um estímulo perfeitamente deliberado à fantasia de riqueza. E aqui vale a pena mencionar algo deveras curioso, que é o fato de a história da escola ser uma coisa peculiar à Inglaterra. Até onde eu sei, existem raríssimas histórias sobre escolas em línguas estrangeiras. A razão, obviamente, é que na Inglaterra a educação é principalmente uma questão de *status*. A linha que mais claramente divide a pequena burguesia da classe trabalhadora é que a primeira paga por sua educação, e dentro da burguesia há outro hiato intransponível entre a escola particular de elite e as outras escolas particulares. É evidente que existem dezenas de milhares de pessoas para quem cada detalhe da vida em uma escola particular elitista é muitíssimo emocionante e romântico. Acontece que essas pessoas estão fora do mundo místico dos pátios quadrangulares e das edificações coloridas, mas podem ansiar por eles, devanear com eles, viver ali, mentalmente, durante horas seguidas. A pergunta é: quem são essas pessoas? Quem lê o *Gem* e o *Magnet*?

É óbvio que nunca se pode ter certeza sobre esse tipo de coisa. Só o que posso afirmar a partir da minha observação pessoal é o seguinte: meninos que provavelmente irão para escolas de elite em geral leem o *Gem* e o *Magnet*, mas quase sempre suspendem a leitura quando têm por volta de 12 anos; eles podem prosseguir por mais um ano por força do hábito, mas a essa altura já deixaram de levar os jornais a sério. Em contrapartida, meninos de escolas particulares baratas, escolas pensadas para pessoas que não podem pagar por uma escola de elite, mas que consideram as escolas públicas "inferiores", continuam a ler ambos por muitos anos a mais. Alguns anos atrás, fui professor em duas dessas escolas. Descobri que não apenas virtualmente todos os meninos liam o *Gem* e o *Magnet*, mas que ainda os levavam bastante a sério quando atingiam 15 ou mesmo 16 anos. Esses meninos eram filhos de comerciantes, funcionários públicos, pequenos proprietários e profissionais autônomos, e obviamente é para essa classe que o *Gem* e o *Magnet* se destinam. Mas são com certeza lidos pelos meninos da classe trabalhadora também. Os semanários em geral são vendidos nos bairros mais pobres das grandes cidades, e soube que são lidos por meninos de quem se esperaria que fossem totalmente imunes ao "glamour" da escola de elite. Vi um jovem mineiro de carvão, por exemplo, um rapaz que já trabalhava no subterrâneo havia um ou dois anos, ler avidamente o *Gem*. Há pouco tempo, ofereci um calhamaço de jornais ingleses a legionários britânicos da Legião Estrangeira Francesa no norte da África; eles pegaram o *Gem* e o *Magnet* primeiro. Ambos os jornais são muito lidos por meninas[60], e o departamento de troca de correspondência

---

[60] Existem muitos jornais equivalentes para meninas. O *Schoolgirl* é um jornal-irmão do *Magnet*, e as histórias são escritas por "Hilda Richards". Os personagens são em certa medida intercambiáveis. Bessie Bunter, irmã de Billy Bunter, aparece no *Schoolgirl*.

entre leitores do *Gem* mostra que ele é lido em todos os cantos do Império Britânico, por australianos, canadenses, judeus palestinos, malaios, árabes, chineses do Estreito de Malaca, etc., etc. Os editores claramente esperam que os leitores tenham por volta de 14 anos, e os anúncios (chocolate ao leite, selos postais, pistolas de água, cura para a ruborização, mágicas caseiras, pó de mico, o anel Phine Phun que enfia uma agulha na mão do seu amigo, etc., etc.) indicam grosso modo a mesma idade; mas há também anúncios do Almirantado, no entanto, que convocam jovens entre 17 e 22. E não resta dúvida de que esses jornais também são lidos por adultos. É bastante comum que leitores escrevam ao editor dizendo que leram todas as edições do *Gem* ou do *Magnet* nos últimos trinta anos. Aqui está, por exemplo, a carta de uma senhora em Salisbury:

> *Posso dizer de seus esplêndidos contos de Harry Wharton & Co., de Greyfriars que eles nunca falham em atingir um alto nível. Sem dúvida, são as melhores histórias do tipo no mercado atualmente, e isso é dizer muito. Elas parecem colocar o leitor face a face com a natureza. Eu comecei a ler o* Magnet *desde o início e acompanho as aventuras com interesse agudo. Não tenho filhos, mas duas filhas, e há sempre uma corrida para ver quem será a primeira a ler o excelente velho jornal. Meu marido também era um leitor fiel do* Magnet, *até que foi subitamente arrancado de nós.*

Vale mesmo a pena pegar alguns exemplares do *Gem* e do *Magnet*, especialmente o *Gem*, apenas para dar uma olhada na seção de cartas. O que realmente espanta é o imenso interesse com que os mais ínfimos detalhes da vida em Greyfriars e St. Jim são acompanhados. Aqui estão, como exemplos, algumas perguntas enviadas por leitores:

> *"Qual a idade de Dick Roylance?", "Há quanto tempo St. Jim existe?", "Vocês podem me dar uma lista do Shell e seus alunos?", "Quanto custou o monóculo de D'Arcy?", "Como é que sujeitos como*

o Crooke estão na turma intermediária e rapazes decentes como você próprio estão apenas no quarto ano?", "Quais são as três principais obrigações do representante de classe?", "Quem é o professor de Química em St. Jim?", (De uma menina) "Onde se localiza St. Jim? Vocês poderiam me dizer como chegar lá, já que eu adoraria ver o edifício? Vocês meninos são só 'impostores', como eu acho que são?"

Fica claro que muitos dos meninos e meninas que escrevem essas cartas estão vivendo uma vida totalmente fantasiosa. Algumas vezes, por exemplo, um menino escreve informando sua idade, altura, peso, medidas do peito e do bíceps, e pergunta com qual membro da classe intermediária ou do quarto ano ele se parece mais. O pedido por uma lista dos alunos da turma intermediária, com um relato preciso de quantos estudam em qual, é muito frequente. Os editores, é claro, fazem tudo que está em seu poder para manter a ilusão. No *Gem*, Jack Blake é quem supostamente responde aos leitores, e no *Magnet* algumas páginas sempre são cedidas à revista da escola (a *Greyfriars Herald*, editada por Harry Wharton), e há outra página em que um ou outro personagem é descrito a cada semana. As histórias ocorrem em ciclos, sendo dois ou três personagens mantidos em primeiro plano por várias semanas de cada vez. Primeiro, haverá uma série de histórias divertidas e movimentadas, estreladas pelos Cinco Famosos e Billy Blunter; depois, uma sequência de histórias centradas em identidade trocada, com Wibley (o mago da maquiagem) em destaque; depois, algumas histórias mais sérias nas quais Vernon-Smith estremece, à beira da expulsão. E aqui se chega ao verdadeiro segredo do *Gem* e do *Magnet* e à razão provável pela qual eles continuam a ser lidos, apesar de estarem evidentemente ultrapassados.

É que os personagens são tão cuidadosamente matizados que dão a quase qualquer tipo de leitor um personagem com quem ele consiga se identificar. A maioria das publicações para meninos tenta fazer isso, daí o assistente masculino (o Tinker de Sexton Blake, o Nipper de Nelson Lee, etc.) que em geral acompanha o explorador, detetive ou assemelhado em suas aventuras. Mas nesses casos existe apenas um rapaz. E quase sempre é o mesmo tipo de rapaz. Mas no *Gem* e no *Magnet* existe um modelo para quase todo mundo. Há um menino comum, atlético e espirituoso (Tom Merry, Jack Blake, Frank Nugent), uma versão ligeiramente mais arruaceira desse tipo (Bob Cherry), uma versão mais aristocrática (Talbot, Manners), uma mais tranquila e séria (Harry Wharton) e uma versão impassível, tenaz (Johnny Bull). Depois vêm o tipo estouvado e atrevido (Vernon-Smith), o definitivamente esperto e estudioso (Mark Linley, Dick Penfold) e o menino excêntrico que não é bom em esportes, mas tem algum talento especial (Skinner Wibley). E há o menino tipo bolsista (Tom Redwing), uma figura importante nesse tipo de história porque possibilita a meninos de lares muito pobres projetarem-se para a atmosfera de uma escola de elite. Além deles, há australianos, irlandeses, escoceses, de Manx, Yorkshire e Lancashire, para explorar o patriotismo local. Mas a sutileza da caracterização vai mais fundo do que isso. Ao se analisar a seção de cartas, vê-se que provavelmente não existe nenhum personagem no *Gem* e no *Magnet* com o qual um leitor não se identifique, exceto os cômicos absolutos Coker, Billy Bunter, Fisher T. Fish (o menino americano ganancioso) e, claro, os professores. Bunter, embora no início provavelmente inspirado do menino gordo em *Pickwick*, é uma criação real. Suas calças apertadas contra as quais botas e bengalas estão sempre batendo, sua astúcia na caça por comida, sua ordem postal que nunca chega o tornaram famoso em qualquer lugar em que a bandeira nacional tremule. Mas ele não é tema para devaneios. Entretanto, outra figura aparentemente divertida, Gussy (o nobre Arthur A. D'Arcy, "o formidável de St. Jim"), é evidentemente muito admirado. Como todo o resto no *Gem* e no *Magnet*, ele está pelo menos trinta anos desatualizado. Ele é o "almofadinha" no início do século XX ou o "traquinas" dos anos 1890 ("Por Júpiter, caro rapaz!" e "Ora bem, vejo-me compelido a aplicar-lhe uma sova!"), o idiota de monóculo que se saiu bem em campo nas batalhas de Mons e Le Cateau. E sua popularidade evidente mostra como é profundo o apelo esnobe desse tipo. Os ingleses são grandes admiradores de tolos titulados (vejam Lorde Peter Wimsey) que sempre revelam trunfos inesperados nos momentos de emergência. Aqui está uma carta de uma das fãs de Gussy:

Eu acho que você é muito severo com o Gussy. Eu me pergunto se ele ainda existe, dado o modo como você o trata. Ele é meu herói. Sabia que eu escrevo canções? O que acha deste – na melodia de "Goody Goody"?

Ponho minha máscara antigás e me juntarei à ARP[61]
Pois estou bem atenta às bombas lançadas por você.
Vou cavar pra mim uma trincheira
No jardim, bem depois da roseira.
Vou vedar as janelas com latão
E os gases entrar não poderão.
Meu canhão, que da rua me acode
Tem um aviso: Hitler, não incomode!
E se eu cair em mãos nazistas,
Antes mesmo de você perceber,
Ponho minha máscara antigás e me juntarei à ARP.

PS: Você se dá bem com meninas?

Cito esta carta (datada de abril de 1939) integralmente porque é interessante como a provável primeira menção a Hitler no *Gem*. No *Gem* também existe um menino gordo heroico, Fatty Wynn, um contraponto a Bunter. Vernon-Smith, "o salafrário da classe anterior", personagem byroniano, sempre no limite da expulsão, é outro grande favorito. E mesmo alguns dos vilões provavelmente têm seguidores. Loder, por exemplo, "o podre do sexto ano", é um vilão, mas ele é também intelectual e propenso a dizer coisas sarcásticas sobre futebol e espírito de equipe. Os meninos das turmas anteriores só o consideram mais vilão por isso, mas certo tipo de menino provavelmente se identificaria com ele. Mesmo Racke, Crooke & Co. provavelmente têm a admiração dos meninos mais novos que

---

[61] Sigla de Precauções contra Ataques Aéreos. Brigada de emergência e conjunto de normas de conduta instituídas no Reino Unido com o objetivo de proteger civis contra ataques aéreos.

consideram fumar cigarro algo diabolicamente perverso. (Uma pergunta frequente na seção de cartas: "Que marca de cigarro o Rack fuma?")

É claro que, politicamente, o *Gem* e o *Magnet* são conservadores, mas em um estilo totalmente pré-1914, sem nenhum laivo de fascismo. Na realidade, suas suposições políticas se resumem a: nada muda, nunca; estrangeiros são engraçados. No *Gem* de 1939, os franceses ainda são Froggies, e os italianos, Dagos. Mossoo, o professor de francês em Greyfriars, é o Frog usual dos jornais satíricos, com barbicha pontuda, calça em forma de pião, etc. Inky, o menino indiano, embora seja um rajá e, portanto, tenha um apelo esnobe, é também o senhor hindu na tradição da revista *Punch*. ("'Altercações não são travessuras apropriadas, meu estimado Bob', disse Inky. 'Deixe que os cães se regozijem com latidos e mordidas, todavia a reação branda é superior, pois cão que late não morde, como bem observa o ditado inglês.'") Fisher T. Fish é o ianque à moda antiga ("Waal, creio que", etc.), que remonta a um período de ciúme anglo-americano. Wun Lung, o menino chinês (ele anda sumido ultimamente, sem dúvida porque alguns leitores do *Magnet* são chineses do Estreito), é uma pantomima do chinês do século XIX, com o chapéu em forma de pires, trança longa e inglês *pidgin*. Todo o tempo, o pressuposto é não apenas que estrangeiros são cômicos e foram postos lá como alvo para nosso riso, mas que eles podem ser classificados praticamente da mesma forma que insetos. É por isso que em todos os jornais para meninos, não apenas no *Gem* e no *Magnet*, um chinês é invariavelmente retratado com trança. É por meio dela que você o reconhece, como o cavanhaque do francês ou o realejo do italiano. Em jornais desse tipo, às vez acontece de, sendo o cenário de uma história um país estrangeiro, haver uma tentativa de descrever os nativos como seres humanos individuais, mas como regra presume-se que os estrangeiros de qualquer raça são todos parecidos, e vão se ajustar mais ou menos exatamente aos seguintes padrões:

> *Francês: irritável. Usa barba, gesticula loucamente.*
> *Espanhol, mexicano, etc.: sinistro, traiçoeiro.*
> *Árabe, afegão, etc.: sinistro, traiçoeiro.*

Chinês: sinistro, traiçoeiro. Usa trança.
Italiano: irritável. Toca realejo ou carrega estilete.
Sueco, dinamarquês: gentil, inocente.
Negro: engraçado, muito crédulo.

A classe trabalhadora só aparece no *Gem* e no *Magnet* como personagens cômicos ou semivilões (palpiteiros nas corridas de cavalos, etc.). Quanto à tensão entre as classes, sindicalismo, greves, recessão, desemprego, fascismo e guerra civil, nem uma palavra. Em um ponto ou outro dos trinta anos de edição dos dois jornais, você poderia talvez encontrar a palavra "socialismo", mas precisaria gastar muito tempo procurando. Se a Revolução Russa não é referida em lugar nenhum, ela será, indiretamente, pela palavra "bolshy" (indicando uma pessoa de hábitos violentamente desagradáveis). Hitler e os nazistas mal estão começando a surgir, no tipo de referência que citei antes. A crise de setembro de 1938 provocou impressão suficiente para gerar uma história em que o senhor Vernon-Smith, o pai milionário do salafrário, lucrou a partir do pânico generalizado ao comprar casas de campo para revendê-las a "fugitivos da crise". Mas isso é provavelmente o mais perto que o *Gem* e o *Magnet* vão chegar de reconhecer a situação da Europa, até o início efetivo da guerra[62]. Isso não significa que essas publicações sejam antipatrióticas – muito pelo contrário! Ao longo de toda a Primeira Guerra Mundial, o *Gem* e o *Magnet* foram talvez os jornais mais consistente e alegremente patrióticos da Inglaterra. Quase toda semana, os meninos capturavam um espião ou empurravam um objetor de consciência para o exército, e, durante o período de racionamento, "coma menos pão" foi impresso em letras grandes em cada página. Mas seu patriotismo não tem absolutamente nada a ver com a política do poder ou com questões "ideológicas". Está mais próximo da lealdade familiar e de fato oferece uma pista valiosa quanto à atitude das pessoas comuns, especialmente o grande e intocado grupo de classe média e da classe

---

[62] Isto foi escrito alguns meses antes da eclosão da guerra. Até o fim de setembro de 1939, nenhuma menção à guerra apareceu em nenhum dos jornais. (N.A.)

operária em melhor situação. Essas pessoas são patrióticas até os ossos, mas não sentem que o que acontece em países estrangeiros seja de sua conta. Quando a Inglaterra está ameaçada, correm automaticamente para defendê-la, mas entre uma ameaça e outra não estão interessadas. Afinal, a Inglaterra está sempre certa, e a Inglaterra sempre vence, então, por que se preocupar? É uma atitude que vem sofrendo abalos nos últimos vinte anos, mas não tão profundos quanto algumas vezes se supõe. O fracasso em entender isso é uma das razões pelas quais os partidos políticos de esquerda raramente são capazes de produzir uma política externa aceitável.

O mundo mental do *Gem* e do *Magnet*, portanto, é algo mais ou menos assim: o ano é 1910 – ou 1940, mas dá no mesmo. Você está em Greyfriars, um menino de 14 anos e faces rosadas, em roupas elegantes feitas sob medida, sentado para o chá do estúdio da turma mais jovem, depois de uma partida de futebol excitante, vencida por um gol marcado no último meio minuto. A lareira aconchegante está acesa na sala, e lá fora o vento assovia. A hera se agrupa densamente em volta das velhas pedras cinzentas. O rei está no trono, e uma libra vale uma libra. Lá na Europa, estrangeiros engraçados estão tagarelando e gesticulando, mas os navios de guerra cinza e sombrios da marinha britânica estão percorrendo o Canal da Mancha e, nos postos avançados do império, senhores ingleses de monóculo mantêm os negros a distância. O lorde Mauleverer conseguiu mais uma cédula de cinco, e nós estamos nos preparando para mais um tremendo lanche de salsichas, sardinhas, biscoitos, carne em conserva, geleia e bolinhos. Depois do chá, vamos nos sentar no estúdio junto à lareira e dar boas risadas com Billy Bunter e combinar a composição do time para a partida da próxima semana contra o Rookwood. Tudo é seguro, sólido e inquestionável. Tudo continuará igual para todo o sempre. Essa, aproximadamente, é a atmosfera.

Mas agora mude do *Gem* e do *Magnet* para os jornais mais atuais que surgiram desde a Grande Guerra. A coisa verdadeiramente significativa é que eles têm mais pontos em comum com o *Gem* e o *Magnet* do que pontos de diferença. Mas será melhor comentar as diferenças primeiro.

Há oito desses novos jornais, *Modern Boy, Triumph, Champion, Wizard, Rover, Skipper, Hotspur* e *Adventure*. Todos eles apareceram depois da Grande Guerra, mas, exceto pelo *Modern Boy*, nenhum tem menos de cinco anos de existência. Dois jornais que também devem ser mencionados brevemente aqui, embora não sejam rigorosamente do mesmo tipo dos outros, são *Detective Weekly* e *Thriller*, ambos propriedade da Amalgamated Press. O *Detective Weekly* encampou Sexton Blake. Ambos admitem certo nível de interesse sexual em suas histórias e, apesar de certamente lidas por meninos, não se dirigem exclusivamente a eles. Todos os demais são pura e simplesmente jornais para meninos e são suficientemente parecidos para serem avaliados juntos. Não parece haver nenhuma diferença perceptível entre os publicados pela Thomson e os que saem pela Amalgamated Press.

Assim que se olha para esses jornais, vê-se sua superioridade técnica em relação ao *Gem* e ao *Magnet*. Para começar, eles têm a grande vantagem de não serem escritos integralmente por uma pessoa só. Em vez de uma história comprida e completa, um número de *Wizard* ou de *Hotspurs* consiste em meia dúzia ou mais de histórias seriadas, e nenhuma delas continua para sempre. Em consequência, há muito mais variedade, muito menos enrolação e nada da estilização e dos chistes cansativos do *Gem* e do *Magnet*. Vejamos, por exemplo, estes dois excertos:

> Billy Bunter gemeu.
> Um quarto de hora havia passado, das duas horas extras de aula de francês atribuídas a Bunter.
> Em um quarto de hora havia apenas quinze minutos! Mas cada um daqueles minutos parecia estranhamente longo a Bunter. Eles pareciam rastejar como lesmas cansadas.
> Olhando para o relógio na sala de aula número 10, o gordo Coruja mal podia crer que apenas quinze minutos tinham se passado. Pareciam mais quinze horas, se não quinze dias!
> Outros rapazes estavam em aulas extras de francês, assim como Bunter. Eles não se importavam. Bunter, sim! (*Magnet*)

Depois de uma escalada terrível, a cada passo da subida abrindo no gelo fofo apoios onde encaixar as mãos, o sargento Lionheart Logan, da Polícia Montada Real, estava agora agarrado como uma mosca humana à encosta do penhasco gelado, tão liso e traiçoeiro quanto um painel de vidro gigante.

Uma nevasca ártica golpeava seu corpo com toda a fúria, jogando a neve cegante em seu rosto, procurando tirar seus dedos das cavidades de apoio e lançá-lo para a morte nas pedras pontudas na base do penhasco, trinta metros abaixo. Encolhidos no meio das pedras estavam onze caçadores cruéis que tinham feito tudo para abater Lionheart e seu companheiro, Constable Jim Rogers, até que a nevasca escondera a ambos da vista dos vilões lá embaixo.

O segundo excerto o leva um pouco adiante na história, o primeiro usa cem palavras para lhe contar que Bunter está de castigo. Além do mais, ao não se concentrar em ficção escolar (em relação à quantidade, a ficção passada em escolas tem ligeiro predomínio em todos esses jornais, exceto no *Thriller* e no *Detective Weekly*), o *Wizard*, *Hitspur*, etc. têm muito mais oportunidades para sensacionalismo. Meramente olhando para as ilustrações das capas dos jornais que tenho na mesa à minha frente, eis o que vejo. Em uma, há um caubói apoiado só com a ponta dos pés na asa de um avião em pleno ar, atirando com o revólver contra outro avião. Em outra, há um chinês nadando em um esgoto para salvar a própria pele, com uma multidão de ratos famintos nadando em seu encalço. Em uma terceira capa, um mecânico está acendendo uma banana de dinamite enquanto um robô de aço o persegue com suas garras. Em outra, um homem em trajes de aviador está lutando com as mãos nuas contra um rato um pouco maior do que um burro. Na seguinte, um homem quase nu, com músculos incrivelmente desenvolvidos, acaba de agarrar um leão pela cauda e atirá-lo rodopiando a trinta metros de distância por cima do muro da arena, com as palavras "Pegue de volta seu maldito leão!". Claramente, nenhuma história de escola pode competir com esse tipo de coisa. De tempos em tempos, o prédio da escola pode pegar fogo ou o professor de francês pode acabar se revelando o chefe de uma gangue anarquista internacional, mas de modo geral o interesse precisa concentrar-se em críquete, rivalidades entre turmas, trotes, etc. Não há muito espaço para bombas, raios mortais, submetralhadoras, aviões, cavalos selvagens, polvos, ursos-pardos ou gângsteres.

A análise de uma grande quantidade desses jornais mostra que, deixando de lado as histórias de escolas, os assuntos favoritos são Oeste Selvagem, Norte Congelado, Legião Estrangeira, crimes (sempre do ponto de vista do detetive), a Grande Guerra (força aérea ou serviço secreto, não infantaria), o tema de Tarzan sob variadas formas, futebol profissional, exploração dos trópicos, romance histórico (*Robin Hood*, *Cavaliers e Roundheads*[63], etc.) e invenções científicas. O Oeste Selvagem ainda lidera, pelo menos como cenário, embora os Peles-Vermelhas pareçam estar desaparecendo. O único tema realmente novo é o científico. Raios mortais, marcianos, homens invisíveis, robôs, helicópteros e foguetes interplanetários aparecem bastante: aqui e ali soam até mesmo rumores distantes sobre psicoterapia e glândulas endócrinas. Enquanto o *Gem* e o *Magnet* derivam de Dickens e Kipling, *Wizard*, *Champion*, *Modern Boy*, etc. devem muito a H. G. Wells, que, mais do que Júlio Verne, é o pai da "ficção científica". Naturalmente, é o aspecto mágico marciano da ciência que é mais explorado, mas um ou dois jornais incluem artigos sérios sobre assuntos científicos, além de uma enorme quantidade de resumos informativos. (Exemplos: Uma árvore Keuri de Queensland, Austrália, tem mais de doze mil anos; ocorrem quase cinquenta mil tempestades todos os dias; 28.316,84 litros de gás hélio custam uma libra; existem mais de quinhentas variedades de aranhas na Grã-Bretanha; os bombeiros de Londres usam 52.995.735,36 de litros de água todos os anos, etc.) Há um notável avanço na curiosidade intelectual e, em geral, na exigência feita à atenção do leitor. Na prática, o *Gem*, o *Magnet* e os jornais do pós-guerra são lidos basicamente pelo mesmo público, mas a idade mental almejada

---

[63] Durante a Guerra Civil Inglesa (1642-1651), Cavaliers eram os defensores da monarquia; Roundheads eram os defensores do Parlamento.

parece ter subido um ou dois anos – uma evolução provavelmente correspondente à melhora na educação elementar desde 1909.

A outra coisa que surgiu nos jornais pós-guerra dirigidos a meninos, embora nem de perto na extensão que seria de esperar, é a adoração aos valentões e o culto à violência.

Quando se comparam o *Gem* e o *Magnet* a jornais autenticamente modernos, o que imediatamente chama atenção é a ausência do princípio do líder. Não existe um personagem central dominante; em seu lugar, existem quinze ou vinte personagens, todos em relativa condição de igualdade, com quem diferentes tipos de leitor podem identificar-se. Em jornais mais modernos, normalmente não é assim. Em vez de se identificar com um estudante mais ou menos de sua idade, o leitor de *Skipper*, *Hotspur*, etc. é levado a se identificar com um agente do FBI, um membro da Legião Estrangeira, com alguma variação de Tarzan, um ás dos ares, um grande espião, um explorador, um pugilista – de qualquer forma, com um personagem único e todo-poderoso que domina todos ao redor e cujo método habitual de resolver qualquer problema é desferir um soco no queixo. Esse personagem é pensado para ser um super-homem, e, como a força física é a forma de poder que os meninos conseguem entender melhor, ele é em geral uma espécie de gorila humano; nas histórias do tipo Tarzan, ele às vezes é de fato um gigante, com dois metros e meio ou três de altura. Ao mesmo tempo, as cenas de violência são em quase todas as histórias admiravelmente inofensivas e não convincentes. Há uma grande diferença de tom entre até mesmo o mais sanguinolento jornal inglês e as revistas norte-americanas de três pence, *Fight Stories*, *Action Stories*, etc. (que não se dirigem estritamente a meninos, mas são amplamente lidas por eles). Nas "Yank Mags", veem-se uma real sede de sangue, descrições verdadeiramente sangrentas de lutas ao estilo vai-com-tudo-contra-os--testículos-dele, escritas em um jargão que foi aperfeiçoado por pessoas que refletem infinitamente sobre violência. Uma publicação como *Fight Stories*, por exemplo, teria bem pouco apelo, exceto a sádicos e masoquistas. Percebe-se a gentileza comparativa da sociedade inglesa pelo modo amador como as lutas de boxe são descritas nos semanários para meninos.

Não existe um vocabulário especializado. Vejamos esses quatro excertos, dois ingleses, dois americanos:

> Quando o gongo soou, os dois homens estavam respirando com dificuldade, e ambos tinham marcas vermelhas no peito. O peito de Bill sangrava e Ben tinha um corte acima do olho direito. Caíram exaustos nos respectivos corners, mas, quando o gongo soou de novo, levantaram-se com agilidade e partiram como tigres um contra o outro. (Rover)

> Ele entrou impassível e esmagou meu rosto como se empunhasse um bastão. Sangue esguichou e eu recuei nos calcanhares, mas reagi e soltei um de direita abaixo do coração. Outro de direita arrasou a boca já ferida de Ben e, cuspindo fragmentos de um dente, ele cravou um do meu lado esquerdo. (Fight Stories)

> Era impressionante observar Black Panther em ação. Seus músculos ondulavam e deslizavam sob a pele escura. Toda a potência e graça de um gato gigante estavam em seu ataque ágil e terrível. Ele desferiu golpes a uma velocidade estonteante para um camarada tão grande. Em um instante, Ben estava apenas bloqueando com as luvas o melhor que conseguia. Ben era um verdadeiro mestre da defesa. Tinha muitas vitórias incríveis atrás de si. Mas a direita e a esquerda do Negro entravam por aberturas que dificilmente outro lutador teria encontrado. (Wizard)

> Golpes arrasadores, que concentravam o peso de sequoias tombando sob o machado, arremessavam os corpos dos dois pesos-pesados enquanto eles trocavam socos. (Fight Stories)

Observe como os trechos americanos parecem ter mais conhecimento de causa. Eles são escritos para devotos dos ringues, os outros não são. Fora isso, é necessário enfatizar que, nesse nível, o código moral dos jornais ingleses para meninos é muito decente. O crime e a desonestidade nunca são elevados à admiração, não há nada do cinismo nem da corrupção da história americana de gângster. As enormes vendas das "Yank Mags" na Inglaterra demonstram que existe demanda para esse tipo de coisa, mas bem poucos escritores ingleses parecem capazes de produzi-la. Quando o ódio a Hitler se tornou um sentimento majoritário na América, foi interessante observar como prontamente o "antifascismo" foi adaptado para usos pornográficos pelos editores das "Yank Mags". Uma revista que tenho à minha frente é dedicada a uma história longa e completa, "Quando o inferno chegou à América", na qual agentes de um ditador europeu louco e sanguinário tentam conquistar os Estados Unidos com raios mortais e aviões invisíveis. Existe o mais explícito apelo ao sadismo, cenas em que os nazistas amarram bombas às costas de mulheres e as lançam das alturas para observá-las explodirem no ar, e outras em que eles amarram moças nuas pelo cabelo e as perfuram com facas para fazê-las dançar, etc., etc. O editor faz comentários solenes a respeito e usa isso como apelo em favor de mais restrições contra imigrantes. Em outra página da mesma publicação, "A vida das coristas de Hotcha" revela todos os segredos íntimos e os passatempos fascinantes das famosas dançarinas da Broadway Hotcha. "Nada é omitido. Preço: 10c." "Como amar. 10c." "Anel com foto embutida. 25c." "Decalques de nus safados. Por fora do vidro você vê uma moça linda vestida inocentemente. Vire e olhe através do vidro e oh! Quanta diferença! Conjunto de três decalques por 25c.", etc., etc. Não há nada parecido com isso em nenhum jornal inglês passível de ser lido por meninos. Mas o processo de americanização continua ainda assim. O ideal americano, o "homem másculo", o "sujeito durão", o gorila que resolve tudo socando todo mundo no queixo agora aparecem provavelmente na maioria dos jornais para meninos. Em uma história seriada saindo agora no *Skipper*, ele é sempre retratado de modo ameaçador, balançando um cassetete de borracha.

A evolução do *Wizard*, *Hotspur*, etc. em comparação aos jornais anteriores se resume ao seguinte: técnica aprimorada, mais interesse científico, mais derramamento de sangue, mais adoração do líder. Mas, no fim, é a *ausência* de evolução o que mais causa espanto.

Para começar, não há nenhuma evolução política. O mundo do *Skipper* e do *Champion* ainda é o mundo pré-1914 do *Magnet* e do *Gem*. A história do Oeste Selvagem, com seus ladrões de gado, execuções sumárias e outras parafernálias do século XIX, parece curiosamente arcaica. Vale notar que em publicações desse tipo é sempre pressuposto que aventuras só acontecem nos confins da Terra: florestas tropicais, vastidões do Ártico, desertos africanos, pradarias do oeste, antros de ópio chineses – em qualquer lugar, na verdade, exceto aqueles em que as coisas *realmente* acontecem. Essa é uma crença que remonta a trinta ou quarenta anos, quando os novos continentes estavam no processo de abertura. Hoje em dia, é claro, se você quer mesmo aventura, o lugar onde procurá-la é a Europa. Porém, à parte o lado pitoresco da Grande Guerra, a história contemporânea é cuidadosamente excluída. E excetuando-se que os americanos são agora alvo de admiração e não de riso, os estrangeiros são as mesmas figuras de humor que sempre foram. Se um personagem chinês aparece, ele ainda é o contrabandista de ópio sinistro e de trança retratado por Sax Rohmer[64]; não há nenhuma indicação de que as coisas tenham se alterado na China desde 1912 – nenhuma indicação de haver uma guerra em andamento lá, por exemplo. Se um espanhol aparece, ele ainda será um "dago" ou um "greaser" que enrola cigarros e esfaqueia pessoas pelas costas; nenhuma indicação das coisas que vêm acontecendo na Espanha. Hitler e os nazistas ainda não surgiram, ou mal fizeram alguma aparição. Haverá bastante sobre eles dentro em breve, mas será de um ponto de vista estritamente patriótico (Grã-Bretanha *versus* Alemanha), com o real significado da batalha mantido fora da vista tanto quanto possível. Em relação à Revolução Russa, é extremamente difícil encontrar uma referência em qualquer dessas publicações. Quando a Rússia eventualmente é mencionada, é em geral em um resumo informativo (exemplo: "Há 29

---

[64] Arthur Henry Sarsfield Ward, mais conhecido como Sax Rohmer (1883-1959), foi o romancista inglês que criou o personagem Dr. Fu Manchu, gênio do crime. (N.T.)

mil centenários na URSS"), e qualquer referência à Revolução é indireta e vinte anos atrasada. Em uma história do *Rover*, por exemplo, alguém tem um urso domesticado, e como o animal é russo, seu apelido é Trótski – obviamente um eco do período 1917-1923, e não das controvérsias mais recentes. O relógio parou em 1910. A Grã-Bretanha domina os mares, e ninguém ouviu falar de crise financeira, bombas, desemprego, ditaduras, expurgos nem campos de concentração.

E da perspectiva social mal houve uma evolução qualquer. O esnobismo é um pouco menos explícito do que no *Gem* e no *Magnet* – e isso é o máximo que se pode dizer. Para começar, a ficção escolar, sempre parcialmente dependente do apelo esnobe, não foi de forma nenhuma eliminada. Todas as edições de um semanário para meninos incluem ao menos uma história de escola, sendo elas ligeiramente mais numerosas do que as que tratam do Velho Oeste. A vida fantasiosa e muito elaborada do *Gem* e do *Magnet* não é imitada aqui e há mais ênfase em aventuras extrínsecas, mas a atmosfera social (as velhas pedras cinzentas) é quase a mesma. Quando uma escola nova é apresentada no início de uma história, somos frequentemente informados, exatamente com estas palavras, de que se tratava de "uma escola muito bacana". De tempos em tempos aparece uma história que é ostensivamente *contra* o esnobismo. O menino bolsista (como Tom Redwing no *Magnet*) aparece com razoável frequência, e o que é em essência o mesmo tema é às vezes apresentado desta forma: há uma grande rivalidade entre duas escolas, cada uma se considerando mais "bacana" do que a outra, e ocorrem lutas, trotes, disputas de futebol, etc., sempre terminando com a derrota dos esnobes. Ao se olhar superficialmente para algumas dessas histórias, pode-se imaginar que um espírito democrático se infiltrou nos semanários para meninos, mas, quando se olha com mais atenção, vê-se que eles meramente refletem a inveja amarga que existe na classe trabalhadora burocrática. Sua real função é permitir que o menino que frequenta uma escola particular barata (*não* uma escola pública) sinta que sua escola é tão "bacana" aos olhos de Deus quanto Winchester ou Eton. O sentimento de lealdade escolar ("Nós somos melhores do que os sujeitos da rua de baixo"), uma coisa quase desconhecida das classes trabalhadoras reais, ainda é preservado. Como essas histórias são escritas por muitas mãos diferentes, elas variam bastante, é claro. Algumas são razoavelmente livres de esnobismo, em outras o dinheiro e os títulos são explorados ainda mais descaradamente do que no *Gem* e no *Magnet*. Em uma que vi, a *maioria* dos meninos citados era nobre.

Quando personagens da classe trabalhadora aparecem, em geral são ou alvo de riso (piadas sobre vagabundos, condenados, etc.) ou como lutadores de boxe, acrobatas, caubóis, jogadores profissionais de futebol e legionários – em outras palavras, aventureiros. Os fatos da vida da classe trabalhadora não são encarados nem, aliás, uma vida de *trabalho* de qualquer tipo. Muito ocasionalmente, pode-se encontrar uma descrição realista do trabalho em, digamos, uma mina de carvão, mas com toda a probabilidade ela estará lá apenas como pano de fundo para outra aventura emocionante. Seja como for, não é provável que o protagonista seja mineiro. Quase todo o tempo, o menino que lê esses jornais – em nove casos a cada dez, um menino que passará a vida trabalhando em uma loja, em uma fábrica ou em um posto subalterno em um escritório – é levado a se identificar com pessoas em posições de comando, acima de tudo com pessoas que nunca são perturbadas por falta de dinheiro. A figura do lorde Peter Wimsey, o aparente idiota que fala afetado e usa monóculo, mas está sempre em destaque nos momentos de perigo, surge de novo e de novo. (Esse personagem é um grande favorito nas histórias de serviço secreto.) E, como sempre, todos os personagens heroicos falam como na BBC: eles podem falar como escoceses ou irlandeses ou americanos, mas nenhum em papel de destaque jamais pronuncia um "h". Aqui, vale a pena comparar a atmosfera social dos semanários para meninos com os dirigidos a moças, o *Oracle*, o *Family Star*, *Peg's Paper*, etc.

Os jornais femininos são dirigidos a um público mais velho e lidos em sua maior parte por moças que trabalham para viver. Em consequência, são na superfície muito mais realistas. Pressupõe-se, por exemplo, que quase todo mundo tenha de morar em uma cidade grande e trabalhar em um emprego mais ou menos enfadonho. Sexo, bem longe de ser um tabu, é *o* assunto. Os contos completos, característica especial dessas publicações, são em geral do tipo "raiou o dia": a heroína escapa por um triz de perder o rapaz para uma rival, ou o rapaz fica sem trabalho e precisa adiar o casamento, mas logo encontra um emprego melhor. A fantasia da troca de bebês (uma menina criada em um lar pobre é, "na verdade", filha de pais ricos) é outro clássico. Quando o sensacionalismo entra em cena, geralmente nas histórias seriadas, surge a partir de tipos mais domésticos de crime, como bigamia, falsificação ou às vezes assassinato; nada de marcianos, raios mortais ou gangues anarquistas internacionais. Seja como for, esses jornais estão buscando credibilidade e têm um vínculo com a vida real em sua seção de cartas, onde problemas genuínos são debatidos. A coluna de aconselhamento de Ruby M. Ayres, no *Oracle*, por exemplo, é extremamente sensata e bem escrita. Mesmo assim, o mundo do *Oracle* e do *Peg's Paper* é um mundo de pura fantasia. É a mesma fantasia o tempo inteiro: fingir ser mais rico do que se é. A principal impressão que se tem de quase toda história nesses jornais é de um "refinamento" assustador e opressivo. Ostensivamente, os personagens são pessoas da classe trabalhadora, mas seus costumes, o interior de suas casas, suas roupas, opiniões e, acima de tudo, seu discurso são completamente de classe média. Todos vivem muito acima de seus rendimentos. Desnecessário dizer, essa é exatamente a intenção. A ideia é dar à operária entediada ou à exausta mãe de cinco uma vida de sonhos na qual ela possa se ver, não tanto como uma duquesa (essa convenção ficou para trás), mas como, digamos, a esposa de um gerente de banco. Não apenas o padrão de cinco ou seis libras por semana é estabelecido como o ideal, mas é implicitamente presumido que esse é o rendimento que a classe trabalhadora *realmente* tem. Os fatos principais simplesmente não são encarados. Admite-se, por exemplo, que as pessoas às vezes percam seus empregos; mas as nuvens escuras se afastam, e elas conseguem empregos melhores. Não há menção ao desemprego como algo permanente e inevitável, não há menção ao auxílio-desemprego, não há menção ao sindicalismo. Nenhuma sugestão em lugar nenhum de que possa haver algo errado com o sistema *enquanto sistema*; existem apenas infortúnios pessoais, em geral devidos à perversidade de alguém e que podem, de toda forma, ser revertidos no último capítulo. Sempre as nuvens escuras se afastam, o empregador gentil aumenta o salário do Alfred, há emprego para todo mundo, exceto os bêbados. Ainda é o mundo do *Wizard* e do *Gem*, exceto que há flores de laranjeira em vez de submetralhadoras.

    O ponto de vista inculcado por todos esses jornais é o de um membro excepcionalmente estúpido da Liga Naval de 1910. Sim, pode-se dizer, mas que importa? E, seja como for, o que mais você espera?

    É claro que ninguém em seu juízo perfeito iria querer transformar o assim chamado horror barato em um romance realista ou em um panfleto sobre o socialismo. Porém, conforme tentei esclarecer, a irrealidade do *Wizard* e do *Gem* não é tão inocente quanto parece. Esses jornais existem por causa de uma demanda específica, porque meninos de certa idade sentem necessidade de ler sobre marcianos, raios mortais, ursos-pardos e gângsteres. Eles obtêm o que buscam, mas embrulhado nas ilusões que seus futuros empregadores julgam adequado para eles. Em que medida as pessoas formam suas ideias a partir da ficção é questionável. Pessoalmente, acredito que a maioria é influenciada, muito mais do que admite, por romances e histórias seriadas, filmes e assim por diante, e que desse ponto de vista os piores livros são com frequência os mais importantes, porque em geral são os que são lidos mais cedo na vida. É provável que muitas pessoas que se consideram extremamente sofisticadas e "avançadas" estejam na verdade carregando pela vida afora um pano de fundo imaginativo adquirido na infância a partir de, por exemplo, Sapper[65] e Ian Hay[66]. Se for mesmo assim, os semanários de dois pence para meninos são da maior importância. Aqui está o que é lido entre os 12 e os 18 anos por uma parcela enorme, talvez a maioria, dos meninos ingleses, incluindo muitos que jamais lerão qualquer outra coisa além de jornais noticiosos; e com isso eles estão absorvendo um conjunto de crenças que seria considerado inapelavelmente antiquado no escritório central do Partido Conservador. Tanto melhor por ser feita indiretamente, vem sendo injetada neles a convicção de que os maiores problemas de nosso tempo não existem, que

---

[65] Pseudônimo do autor britânico Herman Cyril McNeile (1888-1937).
[66] Pseudônimo do autor britânico John Hay Beith (1876-1952).

não há nada de errado com o capitalismo *laissez-faire*, que estrangeiros são cômicos desimportantes e que o Império Britânico é uma espécie de empreitada caritativa que vai durar para sempre. Considerando que são os proprietários dessas publicações, é difícil acreditar que isso seja sem intenção. Dos doze jornais que venho tratando (isto é, doze incluindo o *Thriller* e o *Detective Weekly*), sete pertencem à Amalgamated Press, que é um dos maiores conglomerados de imprensa do mundo e controla mais de cem jornais. O *Gem* e o *Magnet*, portanto, estão intimamente ligados ao *Daily Telegraph* e ao *Financial Times*. Isso por si só bastaria para levantar certas suspeitas, mesmo que não fosse óbvio que as histórias nos semanários de meninos são politicamente examinadas. Então parece que, se você tem necessidade de uma vida de fantasia na qual viaje a Marte e enfrente leões de mãos desarmadas (e qual menino não tem?), só vai conseguir isso ao se render, mentalmente, a pessoas como lorde Camrose. Pois não existe concorrência. Considerados todos esses jornais, as diferenças são mínimas, e nesse nível não existem outros. Isso levanta a pergunta: por que não existe algo como um jornal de esquerda para meninos?

À primeira vista, essa ideia meramente causa enjoo. É tão horrivelmente fácil imaginar como um jornal de esquerda para meninos seria se existisse algum. Eu me lembro de em 1920 ou 1921 algum otimista distribuindo panfletos comunistas entre um grupo de meninos em idade escolar. O que eu recebi era do tipo perguntas e respostas:

"P: *Um menino comunista pode ser escoteiro, camarada?*
R: *Não, camarada.*
P: *Por quê, camarada?*
R: *Porque, camarada, um escoteiro precisa saudar a bandeira britânica, que é o símbolo da tirania e da opressão*", etc., etc.

Agora, suponha que neste momento alguém lançasse uma publicação de esquerda intencionalmente dirigida a meninos de 12 ou 14 anos. Não estou sugerindo que todo o conteúdo seria exatamente como o do panfleto que reproduzi acima, mas alguém duvida de que seria algo *parecido* com ele? Inevitavelmente, um jornal assim seria ou um enaltecimento monótono ou um alvo da influência comunista e propenso à bajulação da Rússia soviética; em qualquer dos casos, nenhum menino normal sequer olharia para ele. Excetuando a literatura erudita, toda a imprensa de esquerda que existe, desde que seja vigorosamente "esquerdista", é um longo panfleto. O único jornal socialista na Inglaterra que poderia sobreviver por mérito próprio, *enquanto jornal*, é o *Daily Herald*: e quanto socialismo há no *Daily Herald*? Hoje em dia, portanto, um jornal de inclinação esquerdista e ao mesmo tempo atraente para adolescentes comuns é algo quase além de qualquer esperança.

Mas disso não decorre que seja impossível. Não há nenhuma razão para que toda história de aventura precise necessariamente ser misturada a esnobismo e patriotismo rasteiro. Afinal, as histórias no *Hotspur* e no *Modern Boy* não são panfletos conservadores; são meramente histórias de aventura com um viés conservador. É relativamente fácil imaginar o processo sendo invertido. É possível, por exemplo, imaginar um jornal tão emocionante e vibrante quanto o *Hotspur*, mas com temas e uma "ideologia" um pouquinho mais atualizados. É até possível imaginar (embora isso levante outras dificuldades) um jornal feminino do mesmo nível literário do *Oracle*, veiculando aproximadamente o mesmo tipo de história, porém levando mais em consideração a realidade da vida da classe trabalhadora. Essas coisas já foram feitas, embora não na Inglaterra. Nos últimos anos da monarquia espanhola, surgiu na Espanha uma grande quantidade de romances de esquerda, alguns deles com evidente origem anarquista. Infelizmente, na época em que apareceram, eu não percebi seu significado social e perdi a coleção deles que possuía, mas sem dúvida ainda se consegue encontrar exemplares. Em aparência e estilo de história, eles eram muito parecidos com os romances ingleses de quatro pence, a não ser por sua inspiração ser de "esquerda". Se, por exemplo, uma história descrevesse a polícia perseguindo anarquistas pelas montanhas, seria do ponto de vista do anarquista, e não da polícia. Um exemplo mais à mão é o filme soviético "Chapaiev", várias vezes exibido em Londres. Tecnicamente, pelos padrões da época em que foi feito, "Chapaiev" é um filme de primeira categoria, mas mentalmente, apesar do contexto russo desconhecido, não fica tão longe de Hollywood. O que o torna fora do comum é o desempenho admirável do ator que faz o papel do policial Branco (o gordo): um desempenho que parece bastante uma inspirada interpretação de improviso. Fora isso, a atmosfera é familiar. Toda a parafernália habitual está lá: embates heroicos contra todas as probabilidades, escapadas no último momento, cenas de cavalos galopando, interesse amoroso, alívio cômico. O filme é de fato bastante comum, a não ser por sua tendência de "esquerda". Em um filme de Hollywood sobre a Guerra Civil Russa, os Brancos provavelmente seriam anjos, e os Vermelhos, demônios. Na versão russa, os Vermelhos são anjos, e os Brancos, demônios. Isso também é mentira, porém, no longo prazo, é uma mentira menos perniciosa do que a outra.

Aqui, vários problemas difíceis se apresentam. Sua natureza geral é suficientemente óbvia, e eu não quero abordá-los. Estou apenas indicando o fato de que, na Inglaterra, a literatura criativa popular é um campo que o pensamento de esquerda nunca nem começou a adentrar. *Toda* a ficção, dos romances populares para baixo, é censurada segundo os interesses da classe dominante. E a ficção para meninos acima de todas, o estilo "sangue e trovão" que quase todo menino devora em uma fase ou outra, está encharcada das piores ilusões de 1910. Esse fato só é desimportante se a pessoa acreditar que as leituras feitas na infância não deixam marcas. Lorde Camrose e seus colegas evidentemente não acreditam em nada do tipo e, afinal, lorde Camrose deve saber.

1939